DROEMER ✪

Über den Autor:
Dr. Albert Kitzler, geb. 1955, studierte Philosophie und Jura in Freiburg i. Br. und war als wissenschaftlicher Mitarbeiter am Heidegger-Lehrstuhl tätig. Seit mehr als 20 Jahren ist er als erfolgreicher Medienanwalt und Filmproduzent (1994 Oscar für den Kurzfilm *Schwarzfahrer*) in Berlin und München tätig. Mittlerweile beschäftigt er sich wieder intensiv mit der Philosophie im antiken Griechenland, in China und Indien. 2010 gründete er *Maß und Mitte – Schule für antike Lebensweisheit,* wo er Seminare, Coachings sowie philosophische Matineen leitet und Vorträge hält (www.massundmitte.de).

Albert Kitzler

WIE LEBE ICH EIN GUTES LEBEN?

Philosophie für Praktiker

Besuchen Sie uns im Internet:
www.droemer.de

Vollständige Taschenbuchausgabe Januar 2016
Droemer Taschenbuch
© 2014 Pattloch Verlag
© 2016 Droemer Verlag
Ein Imprint der Verlagsgruppe
Droemer Knaur GmbH & Co. KG, München
Alle Rechte vorbehalten. Das Werk darf – auch teilweise –
nur mit Genehmigung des Verlags wiedergegeben werden.
Covergestaltung: ZERO Werbeagentur, München
Redaktion: Caroline Draeger
Satz: Adobe InDesign im Verlag
Druck und Bindung: CPI books GmbH, Leck
ISBN 978-3-426-30092-3

2 4 5 3 1

Für
Gaia und Chiara

*Es heißt, dass der Weise Unglück in
Glück zu verkehren vermag.*
Konfuzius

INHALT

Prolog 11

Der Weg 15
Der Einstieg 18
Keine Zeit! 26
Sammlung 31
Selbsterkenntnis 38
Was Selbsterkenntnis bewirkt 52
Die Anderen 61
Schicksal 71
Veränderung 85
Der richtige Augenblick 93
Tod 100
Hybris 112
Der Wagenlenker 120
Das rechte Maß 131
Harmonie 139
Natur 148
Freiheit und Unabhängigkeit 159
Freundschaft 173
Vorbild 179
Praktische Anwendung 188
Heiterkeit 202

Einfachheit 207
Und jetzt? 218

Epilog 223

Merksätze 225
Anmerkungen 231
Biographische Angaben zu den Philosophen 253
Literatur 259
Dank 267

PROLOG

Wenn wir

von keinerlei Ängsten oder Sorgen geplagt werden,
ruhig schlafen,
uns über andere nicht mehr ärgern,
keinen Zorn, Neid oder Hass verspüren,
weil uns nichts Menschliches fremd ist,
weil wir viele und vieles verstehen
und was wir nicht verstehen, gelassen hinnehmen,
uns durch Schicksalsschläge nicht
aus der Bahn werfen lassen,
schwere Zeiten leichtnehmen können,
loslassen können und keinerlei Verlust fürchten,
nicht den unseres Besitzes, unseres Jobs,
unserer sozialen Stellung,
nicht einmal unvorbereitet sind, einen Menschen,
den wir lieben, zu verlieren,
unsere Bedürfnisse und Sehnsüchte genauso gut
kennen wie unsere Schwächen und Defizite,
das Gefühl haben, so zu leben, wie es unseren
Vorstellungen und Wünschen entspricht,
und uns deshalb als innerlich ausgeglichen erleben,
uns nicht zu verstellen brauchen und authentisch sind,
stets sagen, was wir denken,
und stets tun, was wir sagen,
aufmerksam und achtsam leben,

unseren Körper in einen guten Zustand bringen
und in einem guten Zustand halten,
regelmäßig singen, tanzen, Musik hören
oder ein Instrument spielen,
uns an den kleinen Dingen freuen können
und dankbar dafür sind,
die Natur lieben und genießen,
die Menschen lieben und Mitgefühl empfinden,
anderen helfen, statt sie zu kritisieren,
die Kraft haben, Not und Elend der Welt zu ertragen
und die Welt so zu nehmen, wie sie ist,
ohne darauf zu verzichten, sie besser machen zu wollen,
wissen, dass wir eines Tages sterben werden
und deshalb die Angst vor dem Tod überwunden haben,
für ausreichend Ruhe, Erholung und Urlaub sorgen,
uns genug Zeit für uns selbst nehmen,
um uns immer wieder in der eigenen Mitte zu sammeln;
wenn wir wenig bedürfen, aber vieles genießen,
weil wir verzichten können
und es uns leichtfällt, in allem Maß zu halten,
wenn wir zur Einfachheit zurückgefunden haben
und daher oft heiter sind und viel lachen,

dann haben wir das Ideal eines Weisen verwirklicht, wie ihn sich das Altertum vorgestellt hat. Allerdings wusste das Altertum auch, dass kein Mensch dieses Ideal erreichen wird. Für die Griechen wäre solch ein idealer Mensch in Wahrheit ein Gott, für die Chinesen ein Heiliger, für die Inder ein Erleuchteter. Trotz der Unerreichbarkeit dieses Ideals schufen sich alle frühen Kulturen unabhängig voneinander das Bild eines vollendeten Weisen. Vergleichen wir ihre Beschreibungen, so überwiegen die Gemeinsamkeiten, während die Unterschiede verblassen. In diesem Ideal drückten die Völker aus, wonach sie sich sehnten und was sie unter einem glücklichen Leben verstanden. Statt »Glück« und »Weisheit« zu definieren, beschrieben sie das lebendige Bild eines glücklichen und weisen Menschen. Den Denkern der Antike ging es weniger darum zu definieren, was Glück ist, als vielmehr Wege aufzuzeigen, wie wir uns diesem Zustand annähern können. Wichtig sei nicht, zu wissen, was Glück sei, meinte Aristoteles, sondern glücklich zu werden.

Ich gestehe, dass ich selbst noch weit von dem beschriebenen Ideal entfernt bin. Was ich dem Leser im Folgenden an alten Weisheiten mitteile, sage ich mir selbst jeden Tag. Und jeden Tag ertappe ich mich mehr als einmal dabei, den »Pfad der Weisheit« zu verlassen. Aber auch einem Konfuzius ging es nicht anders: »Zum Weg des Edlen gehört dreierlei«, sagte er, »richtiges Verhalten zu anderen Menschen, Weisheit und Entschlossenheit –, aber ich bewältige es noch nicht.«[1]

Kurz vor der Fertigstellung dieses Buches war einer meiner ältesten Freunde für mehrere Wochen zu Besuch bei mir. Weil er seit Jahrzehnten meinen Lebensweg begleitet hat, kennt er mich besser als jeder andere. Trotzdem haben wir uns in den letzten Jahren selten gesehen. Bei seinem Abschied sagte er mir, es müsse etwas dran sein an dem, womit ich mich so intensiv beschäftige, denn ich habe mich zu meinem Vorteil verändert. Ich sage das nicht aus Eitelkeit. Wie jeder andere versuche ich jeden Tag aufs Neue, das Beste aus meinem Leben zu machen – was mir keineswegs immer gelingt. Ich sage das vielmehr, um den Leser zu ermuntern, es selbst einmal mit den Weisheiten der Alten zu versuchen.

DER WEG

*Wer nicht in den Spuren anderer wandelt,
kommt nicht ans Ziel.*[2]
Konfuzius

Es gibt einen sehr alten Weg zu Glück und Zufriedenheit. Keiner wurde so oft beschritten, keiner wurde so gründlich geprüft, auf keinen hat man sich so häufig berufen wie auf ihn. Und dennoch scheint er weitgehend in Vergessenheit geraten zu sein.

Die Rede ist von der antiken Lebensweisheit, wie sie die großen Denker im alten Griechenland, China und Indien erstmals gedacht und aufgeschrieben haben, damals, als die Menschheit an der Schwelle von einem mythisch-religiösen Denken zu einer rationalen Lebensführung stand. In diesen frühen Zeugnissen hat sich in treffenden Aussprüchen und unvergänglichen Bildern das Erfahrungswissen der Menschen über das, was ein gutes Leben ist, verdichtet.

Diese Zeugnisse haben bis heute nichts an Gültigkeit verloren. Im Gegenteil: Mehr denn je tut eine Rückbesinnung not. Immer wieder scheinen wir Wesentliches aus den Augen zu verlieren. Und das ist der Grund für zahlreiche Probleme, die uns trotz oder gerade wegen des erzielten allgemeinen Wohlstands bedrücken und nicht selten krank machen. Geschenkt wird einem nichts auf diesem Weg, aber überfordert wird auch niemand. Fortschritte macht jeder, der sich ernsthaft mit ihm beschäftigt.

Seit mehr als 2500 Jahren werden die maßgeblichen Einsichten der alten Denker überliefert, gedruckt, übersetzt und jenseits aller Landesgrenzen und aller geschichtlichen und kulturellen Unterschiede immer wieder gelesen, studiert, bewundert und von klugen Köpfen beherzigt und gelebt.

Warum ist das so? Weil jeder, der sich damit beschäftigt, spürt, dass sie einen unermesslichen Schatz an Lebensweisheit enthalten. Es ist an der Zeit, diesen Schatz in all seinem Reichtum wieder ins Bewusstsein der Menschen zu bringen.[3] Er gehört mit zum wertvollsten Erbe unserer menschlichen Kultur.

Ich lade den Leser ein, dieses Weisheitswissen in seinen Grundzügen kennenzulernen und zu prüfen, was er davon für sein Leben gebrauchen kann. An Gelegenheit dazu wird es nicht fehlen. Denn dieses Wissen betrifft alle Facetten unseres alltäglichen Lebens wie Beziehung, Beruf, Familie, Freunde, Wünsche, Sehnsüchte, Freiheit, Ängste, Sorgen, Schicksalsschläge, Trauer und Tod. Erwarten Sie keine trockene, schwermütige Philosophie: »Die Weisheit ist nicht finster und düster …, sondern im Gegenteil heiter und freundlich, voller Fröhlichkeit und guter Laune.«[4]

PERLEN DER WEISHEIT

*Studiert man die Schriften der alten Weisen und
sinnt nach über die tiefe Bedeutung des Rechten Weges,
so wird alles erkennbar ... Sie stellen die Essenz
dessen dar, was die Weisen auf der Suche nach
dem Rechten Weg gefunden und in ihrem eigenen
Handeln erprobt hatten.[5]*
Wang Fu

DER EINSTIEG

*Das Lernen allein genügt nicht,
hinzukommen müssen Übung und Gewöhnung.*[6]
Epiktet

Beginnen wir unsere Reise durch die antike Lebensweisheit mit einem Beispiel aus der Praxis, damit deutlicher wird, wovon die Rede ist. Wenn wir uns körperlich unwohl oder erschöpft fühlen, wissen wir, was wir zu tun haben (und tun es meistens doch nicht): Sport treiben, zum Arzt gehen, weniger arbeiten, mehr schlafen, in den Urlaub fahren usw. Wenn wir uns seelisch unwohl fühlen, wenn wir mit unserem Leben nicht zufrieden sind, wenn uns Ängste und Sorgen belasten, wenn wir keinen Sinn in unserem Tun sehen oder eine Perspektive vermissen: Wissen wir dann, was zu tun ist? Periander, einer der sogenannten »Sieben Weisen«, mit denen im alten Griechenland die abendländische Philosophie begann, gab eine knappe Antwort, die sich in drei Worten erschöpfte:

Alles ist Übung.[7]

Statt »Übung« können wir auch übersetzen: »Gewohnheit«[8]. 250 Jahre später knüpfte Aristoteles daran an: Der Mensch habe zwei Naturen. Eine Natur, sagte er, sei uns durch die Geburt mitgegeben, die zweite schaffen wir uns selbst, nämlich durch unsere Gewohnheiten. Denn unsere Gewohnheiten können wir steuern durch Übung, oder – wie Aristoteles sich ausdrückte – durch »häufiges vernunftgesteuertes Bewegtwerden«. Damit hob er hervor, worauf es ankommt: auf die Überwindung der eigenen Trägheit, des sprichwörtlichen inneren Schweinehunds. Die Schlussfolgerung in diesem Zusammenhang lautet: Willst du etwas an deinem Leben ändern, was dich belastet oder stört, ändere deine Gewohnheiten, sonst ändert sich nichts.

Damit ist freilich noch nicht gesagt, was wir konkret ändern sollen, um uns besser zu fühlen. Aber immerhin ist gesagt, wie wir es tun müssen. Eine Bestätigung dieser Erkenntnis finden wir an prominenter Stelle bei den alten Chinesen. Die einzige einigermaßen authentische Schrift des Konfuzius, die »Gespräche«, beginnt mit den Worten:

Etwas lernen und sich immer wieder darin üben, schafft das nicht Freude?[9]

Statt »Freude« können wir auch sagen »Glück«, »Zufriedenheit« oder »Erfüllung«. Zu lernen und sich immer wieder darin zu üben, so dass das Gelernte ein Teil unserer selbst wird, führt nach Konfuzius zu Glück und Erfüllung. In diesem Zitat ist das ganze Bildungskonzept des Konfuzius enthalten, eines der großartigsten, das je entwickelt worden ist. Bildung meint hier nicht Bücherwissen, sondern die Entwicklung der eigenen Persönlichkeit hin zu einer selbstbestimmten, weisen Lebensführung. Diese Bildung hilft uns, die Herausforderungen und Belastungen des Alltags zu bewältigen, damit wir uns geistig-seelisch gut fühlen. Dabei können Bücher hilfreich sein, doch sie sind längst nicht alles, vielleicht nicht einmal das Wichtigste.

Aber spricht Konfuzius nicht eine Banalität aus? Nur auf den ersten Blick. Immerhin hat ein zeitgenössischer Philosoph über diese scheinbare »Banalität« des Übens ein mehr als 700 Seiten starkes Buch geschrieben mit dem Titel »Du sollst dein Leben ändern«[10]. Das Buch hat viele Leser gefunden, aber vermutlich haben nur wenige nach der Lektüre tatsächlich ihr Leben geändert. Obgleich es zahllose tiefe Gedanken und geistreiche Bemerkungen enthält, bleibt es überwiegend auf der Ebene des Intellekts und fokussiert weniger die Frage, wie wir das vermittelte Wissen umsetzen können. Aber gerade diese Umsetzung ist es, die uns so große Schwierigkeiten bereitet. Was können wir tun, um diese Schwierigkeiten zu überwinden? Der Beantwortung dieser Frage dienten in der Antike die Spruchweisheiten. In ihnen verdichtete sich Lebenserfahrung in einfachen und eingängigen Sätzen, die wir uns merken können und die »zur Hand sind«, wenn wir sie brauchen. Die scheinbare Einfachheit dieser Weisheiten darf nicht über den Reichtum ihres Gehalts hinwegtäuschen. Wer sie als banal abtut, hat ihren Sinn und ihre Tragweite nicht tief genug erfasst. Tatsächlich gelingt die Umsetzung solcher Weisheit den wenigsten. Seneca zog daraus die Schlussfolgerung:

Niemals wird zu oft gesagt, was niemals gründlich genug gelernt wird.[11]

Das »gründlich genug« bezeichnet ein Lernen, das nicht nur im Kopf stattfindet, sondern den ganzen Menschen ergreift und zu einer gelebten Haltung wird, so dass wir das Gelernte im täglichen Leben auch anwenden können und dies tatsächlich tun. Seneca teilte die Philosophie daher in zwei Teile ein. Der eine beschäftigt sich mit der theoretischen Herleitung und Begründung von Erkenntnissen, der zweite mit der praktischen Umsetzung, also mit der Frage, wie diese Erkenntnisse vermittelt werden können, damit sie auch gelebt werden. Zum letzten gehört, dass die Einsichten in griffige und einprägsame Spruchweisheiten, Ausdrücke oder Bilder gefasst werden, die aufscheinen, wenn wir sie brauchen. Weisheit sei nicht eine Kunst des Disputierens, sondern die »Kunst des Lebens«[12]. Beide Seiten, die theoretische und die praktische, seien gleich wichtig und müssten gemeinsam gelernt werden, »denn ohne Wurzel taugen die Zweige nichts«[13]. Nur wenn wir etwas gründlich verstanden haben, können wir es auch anwenden. Umgekehrt nutzt uns keine Einsicht, wenn wir nicht gelernt haben, wie wir sie umsetzen. Das aber lernen wir, indem wir das Verstandene so einüben, dass es im Laufe der Zeit zu einer festen Gewohnheit wird: »Alles ist Übung.« Dieses Buch versucht, beides zu verbinden, Theorie und Praxis. Die erläuternde Darstellung der alten Weisheiten, die zugegebenermaßen eine gewisse geistige Anstrengung erfordert, ist das Fundament ihrer erfolgreichen praktischen Umsetzung.

Wie sieht es aber mit der Umsetzung aus? Wer von uns übt sich regelmäßig in der »Kunst des Lebens«? Wer beschäftigt sich ebenso planvoll und regelmäßig mit der Verbesserung seiner Gewohnheiten und der Entwicklung seiner Persönlichkeit, wie er an seiner beruflichen Karriere arbeitet oder seine Laufschuhe anzieht? Häufig fehlt uns bereits die Erkenntnis, dass wir etwas dafür tun müssen, wenn wir unser geistig-seelisches Wohlbefinden und unsere Zufriedenheit mit dem Leben verbessern wollen. Schließlich wissen wir in etwa, welche Übungen unserem Körper guttun –, aber welche Gewohnheiten sollen wir ändern, damit wir uns auch seelisch gut fühlen, weniger Probleme und dafür mehr Freude am Leben haben? Was steigert wirklich und auf Dauer unsere Zufriedenheit? Da gehen die Meinungen heutzutage weit auseinander, was nicht zuletzt an der Vielzahl der Lebensratgeber deutlich wird. Bei den großen Denkern der Antike in West und Ost war das anders. Dort stellen wir kulturübergreifend eine weitgehende Übereinstimmung fest, jedenfalls was die Ergebnisse und die praktischen Ratschläge für eine gelungene Lebensführung angeht.[14] Vielleicht taugen ihre Ratschläge auch heute noch?

Bevor wir versuchen, diese Essenz des antiken Weisheitsdenkens herauszufiltern, sei vorab auf Folgendes hingewiesen: Die Philosophen des Altertums waren sich durchaus bewusst, dass keiner ihrer praktischen Ratschläge absolute Gültigkeit beanspruchen kann. Es handelt sich lediglich um Leitsätze, die zwar von großer Bedeutung für unser Leben sein können und einen hohen Geltungsanspruch haben. Aber der Einzelne muss entscheiden, wann, unter welchen Umständen und in welchem Maße er der einen oder anderen Weisheitsregel folgen soll. Unsere jeweiligen Lebensumstände sind komplex und einmalig. Aristoteles meinte deshalb, die konkrete Lebensführung lasse sich nicht »wissenschaftlich« bis ins Kleinste erfassen und festlegen. Man könne hier nur »umrisshaft andeuten«, wonach wir uns richten sollten. Was die konkrete Entscheidung in einem bestimmten

Augenblick angehe, sei jeder »auf sich selbst gestellt«[15]. Das ist auch gut so, denn wo bliebe sonst unsere Freiheit und Eigenverantwortlichkeit? Allerdings macht das die Sache nicht einfacher: Patentrezepte gibt es nicht. Was hier dargestellt wird, sind Leitlinien, Anregungen und Hilfsmittel. Was der Einzelne davon nutzen kann und will, in welchem Maß, wann und wie, muss jeder selbst entscheiden.

Eine weitere Schwierigkeit, die mit der zuvor beschriebenen eng verwandt ist, besteht darin, dass kein Individuum dem anderen gleicht. Die in der Antike entwickelten Ratschläge bedürfen auch aus diesem Grunde stets einer Anpassung an die persönlichen Verhältnisse des Einzelnen, eines »Feintunings«. So meinte Aristoteles zum »Goldenen Mittelweg«, der eine Vermeidung von Extremen empfiehlt, man könne hier nur begrenzt allgemeine Regeln angeben, denn die »Mitte« liege bei jedem woanders. Sie hinge nämlich von der jeweiligen individuellen Persönlichkeit ab.[16]

Antikes Weisheitsdenken war, und darin unterscheidet es sich von vielen Religionen, nicht dogmatisch. Im Gegenteil: »Die Harten sind des Todes«, meinte Laotse, der Sieg komme stets dem »Weichen« zu oder, wie es auch heißt (mögen es manche Männer nicht gerne hören): dem »Weiblichen«[17]. Dabei war dieses Denken keineswegs beliebig. Die Antike hatte eine sehr genaue und im Ergebnis verblüffend übereinstimmende Vorstellung davon, worauf wir zu achten haben, wenn wir gut leben wollen. Von diesen übereinstimmenden Vorstellungen handelt das vorliegende Buch. Es versucht, die wesentlichen Einsichten des alten Weisheitsdenkens auf die Bedürfnisse des heutigen Menschen zu übertragen und ihre Kernsätze in unsere Sprache zu übersetzen. Hier wird nichts Neues mitgeteilt. Neues gibt es im Weisheitsdenken nicht. Es kommt alles darauf an, das Alte zu verstehen und es so wiederzubeleben, dass der Leser in den Stand gesetzt wird, es für sein Hier und Jetzt zu nutzen. Das Buch folgt damit einem Weg, den schon Konfuzius vor 2500 Jahren beschritten hat:

Ich übermittle, aber ich schaffe nichts Neues. Ich glaube an das Alte und liebe es.[18]

Ein letzter Hinweis: Da es in der Philosophie wie im Weisheitsdenken stets darauf ankommt, selbst zu denken und das Gelesene eigenständig nachzuvollziehen, sei empfohlen, dieses Buch Kapitel für Kapitel zu lesen und dazwischen Pausen zu machen, um das Gelesene zu reflektieren und zu verinnerlichen. Das ist auch deshalb angezeigt, weil das Verstehen und Erlernen von Lebensweisheit eine Anstrengung des Denkens erfordert, die wir niemandem ersparen können, der ernsthaft etwas hinzulernen will.

PERLEN DER WEISHEIT

*Mir wenigstens scheint alles Schöne und Gute
durch Übung erreichbar zu sein,
nicht zuletzt kann man sich in der
Selbstbeherrschung üben.*[19]
Sokrates

MERKSATZ

Der Weise lernt stets dazu, indem er das Gelernte
in seinem Denken und Verhalten einübt.

KEINE ZEIT!

Das Leben geht mit Aufschieben dahin,
und jeder von uns stirbt,
ohne Muße gefunden zu haben.[20]
Epikur

Eines unserer großen Probleme ist, dass wir uns keine Zeit für uns nehmen. Es erscheint absurd. Der ganze technische Fortschritt sollte uns Zeit und Mühen bei der notwendigen Lebensbewältigung ersparen, damit wir mehr Zeit für uns haben und das Leben in Ruhe genießen können. Bei vielen scheint er das Gegenteil bewirkt zu haben. Wir arbeiten viel und genießen wenig. Und der Genuss, den wir dann haben, ist häufig nichts als Konsum und hat allenfalls oberflächlich etwas mit uns zu tun. Wir kümmern uns um alles, nur nicht um uns selbst. Ganztägig sind wir mit der Organisation des Äußeren beschäftigt und vernachlässigen die Pflege unseres Inneren. Weise Lebensführung aber bedeutet, auf sein Inneres zu achten und für seelisches Wohlbefinden zu sorgen. Das schließt keineswegs die Sorge für das Wohl anderer aus, im Gegenteil.

Aber machen wir nicht alles nur für uns? Irrtum! Wir tun es für unser Ansehen, für Macht, Besitz, Libido, Sicherheit oder aus Angst. Das gehört zwar alles zu uns, betrifft aber immer nur einen Teil unserer Persönlichkeit, nicht den Menschen als Ganzes. Dass wir uns jeweils nur um einen Teil von uns kümmern und diesen Teil für das Ganze nehmen, darin liegt unser Problem. Und dieser Teil ist keineswegs immer der wichtigste. Wir übertreiben das eine und vernachlässigen alles andere.

Unsere Seele ist ein vielköpfiges Ungeheuer, meinte Platon, und mancher Kopf hat den Drang, die anderen zu unterdrücken. Eine der grundlegenden Einsichten der Antike, zu der Chinesen, Inder und Griechen gleichermaßen gelangt sind, ist, dass unsere Persönlichkeit noch etwas anderes ist als die Summe der einzelnen Seelenkräfte und dass alles auf die Erkenntnis, die Bildung und Pflege dieses »anderen« ankommt.

Die Antike nannte es »Seele«, »Selbst«, »Atman«, »Ich«, »Geist«, »Bewusstseinsstrom« oder »Natur«. Es ist das, was wir im Blick haben, wenn wir danach fragen, was unsere »eigentlichen Bedürfnisse« sind, was wir »wirklich wollen«, was unsere »Mitte« ist, was den »Sinn« unseres Lebens ausmacht.

An diesem Kern unseres Ichs leben wir häufig vorbei, bekommen ihn nicht in den Blick, verfehlen ihn und vernachlässigen damit wesentliche Bedürfnisse. Das hat seinen Grund darin, dass wir uns keine Zeit für uns nehmen oder den wirklich spannenden Fragen ausweichen, nicht selten, weil sie uns Angst machen. Das Ergebnis ist dasselbe: Wir finden keinen richtigen Zugang zu unserem Selbst und unserer Mitte. Das war in der Antike nicht anders als heute. Als wichtigsten Ratschlag empfahlen die Weisen daher: »Erkenne dich selbst!« Von wem genau der Ausspruch stammt, wissen wir nicht. Er wird verschiedenen der sogenannten »Sieben Weisen« zugeschrieben und war in der Eingangshalle des Apollon-Heiligtums in Delphi eingemeißelt. Sokrates machte ihn zu einer Maxime für die persönliche Lebensführung und sagte in unübertroffener Einfachheit:

Ist es nicht offensichtlich, dass die Menschen am meisten Gutes dadurch erfahren, dass sie sich selber kennen, am meisten Schlechtes aber dadurch, dass sie sich in sich selbst täuschen? Denn die, welche sich selber kennen, wissen, was für sie gut ist ... Diejenigen aber, welche sich nicht selbst kennen ... täuschen sich in allem, sie verfehlen das Nützliche und geraten ins Übel.[21]

Daran hat sich bis heute nichts geändert. Auf die Verkennung der ureigenen Bedürfnisse und – daraus folgend – auf eine mangelhafte Gewichtung der Lebensinteressen können eine Vielzahl von körperlichen und seelischen Leiden des Menschen zurückgeführt werden. Zu dieser Verkennung und mangelhaften Gewichtung kommt es, weil wir keine Zeit für uns haben, genauer: Wir nehmen uns keine Zeit für uns. Im Vergleich schneidet das Zähneputzen besser ab als die Sorge für den eigenen psychischen Haushalt. Wen wundert es? Wer hat uns denn beigebracht, wie wir uns um unser Seelenleben kümmern sollen? Im Elternhaus, in der Schule, in der Universität wird alles Mögliche unterrichtet und anerzogen, nur nicht, wie wir mit uns und dem Leben am besten umgehen und was wir zu tun haben, damit wir uns nachhaltig wohl fühlen. Warum ist das so? Weil das Bewusstsein dafür fehlt, dass die Sorge für das eigene seelische Wohlbefinden, neben der Sorge für andere, das Wichtigste in unserem Leben ist.

Aber auch in der Antike war dieses Bewusstsein keineswegs allgemein verbreitet. Antisthenes, ein Schüler des Sokrates, berichtet über seinen Lehrer:

Sooft Sokrates mehrere Menschen am selben Ort versammelt sah, fuhr er sie unwillig, vorwurfsvoll an, mutig und ohne ein Blatt vor den Mund zu nehmen: »Wohin, ihr Menschen? Ist euch nicht bewusst, dass ihr anders handelt, als ihr müsstet? Ihr kümmert euch [nur] ums Geld, und euch ist jedes Mittel recht, zu Geld zu kommen, damit ihr es in Hülle und Fülle besitzt und euren Kindern noch mehr hinterlasst! Aber eure Kinder und vor allem euch selber, die Väter, habt ihr vernachlässigt, alle, ohne Ausnahme. Denn ihr habt nicht die Erziehung, die Ausbildung gefunden, die dem Menschen genügt, die nützlich ist und ihn befähigt, mit dem Geld zweckmäßig und rechtmäßig umzugehen ... «[22]

Im alten China sah es nicht besser aus, weshalb Konfuzius die rhetorische Frage stellte: »Wer nicht sein Inneres pflegt, sondern sein Äußeres, macht der es nicht verkehrt?«[23] Sein Nachfolger Menzius zog einen Vergleich heran:

Wenn den Leuten wirklich daran liegt, Paulownia- oder Katalpenbäume[24]*, die ein oder zwei Spannen im Umfang haben, zu ziehen, so wissen alle, wie man sie pflegen muss. Das eigene Leben aber, das wissen sie nicht zu pflegen. Lieben sie etwa das eigene Leben weniger als jene Bäume? Nein, es ist Gedankenlosigkeit.*[25]

Wir halten fest, was wir schon immer wussten, leider häufig ohne daraus die notwendigen Schlüsse zu ziehen: Bei all unserem Leben kommen wir selbst zu kurz – das ist unser Problem.

PERLEN DER WEISHEIT

Versäume also das ja nicht,
sondern strenge dich vielmehr an,
auf dich selbst achtzugeben![26]
Sokrates

MERKSATZ

Der Weise nimmt sich Zeit für sich.

SAMMLUNG

Sein Wille ist einer. Sein Herz ist beisammen.
Der Weise ist eins und gesammelt.[27]
Buch der Riten, Sitten und Gebräuche

Die antike Weisheitslehre in West und Ost warnte stets davor, sich vollständig von den eigenen Geschäften vereinnahmen zu lassen. Der Mensch solle immer wieder »den Schritt anhalten«[28] (Seneca), sich periodisch aus der Geschäftigkeit herausziehen, sich besinnen und aus der Distanz auf sein Leben und seine Arbeit schauen. Er solle dem »betäubenden Trubel der Stadt« den Rücken kehren und in der Natur Ruhe und Erholung suchen, um sich sammeln und über sich nachdenken zu können. Das ist die Pflege des Selbst. Denn »wenn man den Bogen immer gespannt hält, dann bricht er eines Tages«[29]. Was der Skythe Anarcharsis hier mit »der Bogen bricht« umschreibt, heißt heute »Burn-out«. Ohne ausreichende Entspannungsphasen, in denen wir uns mit unserem Seelenhaushalt beschäftigen, unser tägliches Verhalten, unsere Anschauungen, unsere Werte überprüfen, gibt es kein Weiterkommen, weder in der Selbsterkenntnis noch in der Persönlichkeitsentwicklung. Die Idee zu einer der einflussreichsten und bis heute wirksamen Weltanschauungen kam Buddha in dem Moment, als er sich nach sechsjähriger Daueraskese erschöpft unter einen Baum legte und ausruhte. Das ist der einfache Ratschlag der Weisheit: sich regelmäßig unter einen Baum legen und ausruhen! Wer viel arbeitet, muss viel ruhen – wer intensiv arbeitet, muss intensiv ruhen. Manchmal hat man den Eindruck, als gebe es keine Weisheit, die von modernen Menschen in anstrengenden Berufen mehr vernachlässigt wird als die Notwendigkeit des Ausruhens. Diese Vernachlässigung aber rächt sich eines Tages umso bitterer.

Von Sokrates wird überliefert, dass er bisweilen mitten auf der Straße in tiefes Nachdenken verfiel und auf derselben Stelle unbeweglich wie eine Säule »von einem Sonnenaufgang bis zum andern«[30] stehen blieb, um dann wieder seine philosophischen Gespräche auf dem Marktplatz von Athen fortzusetzen, als sei nichts geschehen. Die altindischen Meditationstechniken, die später von anderen asiatischen Kulturen übernommen und weiterentwickelt wurden, hatten zum Ziel, den Gedankenfluss zum Stillstand zu bringen, einen inneren Zustand zu erreichen, »in dem die seelisch-geistigen Vorgänge zur Ruhe kommen«[31]. Werde der Strom der Gedanken angehalten und ruhen die Sorgen des Alltags, dann melde sich das eigene Selbst und mit ihm unsere ureigensten Bedürfnisse und Wünsche.

Es ist ein einfacher Sachverhalt, der vielen bekannt sein dürfte. Ziehen wir uns aus einer anstrengenden Tätigkeit für zwei, drei Wochen zurück, so geschieht es häufig, dass wir erst einmal in ein dunkles Loch fallen. Wenn wir das zulassen und aushalten, ohne in einen permanenten Vergnügungstaumel zu fliehen, dann kommen uns plötzlich Gedanken und Einsichten, die im Alltagsstress gar keine Chance hatten, in unser Bewusstsein zu treten. Unser Kopf war überfrachtet mit drängenden Tagesproblemen.

Erst wenn wir Abstand von unseren akuten Sorgen gewonnen haben, kehrt eine innere Ruhe ein, aus der heraus wir häufig zu neuen und guten Einsichten gelangen. Für die alten Chinesen waren solche Ruhephasen eine zentrale Energiequelle, zu der sie bei aller Geschäftigkeit immer wieder zurückkehrten. Laotse hat das bildhaft so ausgedrückt:

> *Schaffe Leere bis zum Höchsten!*
> *Wahre die Stille bis zum Völligsten!*
> *[…]*
> *Ein jedes kehrt zurück zu seiner Wurzel.*
> *Rückkehr zur Wurzel heißt Stille.*
> *Stille heißt Wendung zum Schicksal.*
> *Wendung zum Schicksal heißt Ewigkeit.*
> *Erkenntnis der Ewigkeit heißt Klarheit.*[32]

Das mag schwülstig und nebulös klingen. Dennoch sagte ein bedeutender Kulturhistoriker des 20. Jahrhunderts über diese Sätze, es gebe wohl keine weisere Stelle in der gesamten Weltliteratur.[33] Wenn wir versuchen, den Text zu verstehen, dann ahnen wir, warum er zu diesem Urteil gekommen ist. In den ersten beiden Zeilen wird ein Weg gewiesen, wie wir zu uns selbst kommen und uns über unsere Gedanken, Wünsche und Ziele klar werden können: »Schaffe Leere bis zum Höchsten! Wahre die Stille bis zum Völligsten!« – »Abschalten« würden wir heute sagen. Mit »Leermachen« ist gemeint, dass wir alle unsere beruflichen und persönlichen Probleme und Gedanken einmal beiseitelassen und aus unserem Kopf verbannen. Wir sollen eine Auszeit nehmen, in der wir von den täglichen Sorgen und Unternehmungen nichts mehr hören,

»still« werden. Dann kommen wir zu uns selbst (»Rückkehr zur Wurzel«) und finden unsere eigentlichen Ziele und Bedürfnisse wieder (»Wendung zum Schicksal«, nämlich unserem eigenen[34]). Da sind wir zugleich bei der eigenen Natur angelangt, die Teil der ewigen Natur ist (»Ewigkeit«), und sind zu unserer tiefsten Kraftquelle vorgestoßen. In aller Deutlichkeit erkennen wir, was wir wollen (»Klarheit«). Haben wir uns auf diese Weise gesammelt und wiedergefunden, können wir gestärkt in unseren Alltag zurückkehren und uns mit neuem Selbstvertrauen den täglichen Herausforderungen des Lebens stellen.

Alle Wellnessprogramme, Meditationsworkshops, Erlebnisevents etc. haben, ohne dass die Anwender sich dessen immer bewusst sind, ein ähnliches Ziel wie die soeben beschriebene Wiedererlangung des eigenen Selbstgefühls, der Klarheit über sich selbst und der eigenen inneren Kraftquellen. Ihr Sinn liegt in dem, was die Alten als Sammlung, Versenkung oder Selbsterkenntnis beschrieben haben, als »Rückkehr zur eigenen Wurzel«. Von der antiken Weisheitslehre können wir lernen, welche enorme Bedeutung eine regelmäßige Sammlung und die damit verbundene philosophische Reflexion für Selbsterkenntnis, Persönlichkeitsentwicklung, Ausgeglichenheit, für Selbstsein, Freiheit und für andere Aspekte einer weisen Lebensführung haben. Philosophie, die in der Antike noch ganz Streben nach Lebensweisheit war und die »Kunst der Lebensführung«[35] lehrte, macht damals wie heute diese Zusammenhänge deutlich und stiftet auf diese Weise Sinn. Ihr geht es um eine ganzheitliche Erfassung unserer selbst und unserer Lebenswelt und um die Auflösung von einseitigen Fixierungen wie etwa auf den beruflichen Erfolg. Wer aber die Zusammenhänge erkennt, hat die Grundlage erworben, die eigene Lebenspraxis zu überprüfen und gegebenenfalls zu ändern. Weisheit als Kunst der Lebensführung setzt Wissen voraus und zielt auf eine kontinuierliche Erweiterung dieses Wissens. Mit zunehmendem Wissen wächst unsere Fähigkeit, die gewonnenen Einsichten über das eigene Leben bewusst und zielgerichtet in den Alltag zu integrieren und unser Verhalten danach auszurichten. Dass diesem Wissen Grenzen gesetzt sind, weiß keiner so gut wie die Philosophie selbst, bedeutet doch ihr Name »Liebe« zur Weisheit oder »Streben« nach Weisheit (von griechisch: philein = lieben, lieb haben und sophia = Weisheit) und nicht den Besitz der Weisheit. Aber jedes Streben nach Wissen führt zu mehr Klarheit und zur Auflösung von Irrtümern und Vorurteilen. Damit wir dahin kommen und mehr Wissen über uns selbst erlangen, müssen wir uns periodisch aus unseren Lebensbezügen herausziehen und den Blick auf uns selbst richten: re-flektieren.

Eigentlich sollte diese Übung des regelmäßigen Rückzugs eine der leichtesten sein. Gibt es etwas Angenehmeres als eine besinnliche Stunde in einem Café, einen Tag für sich allein, ein freies Wochenende in harmonischer Zweisamkeit, einen Urlaub? Tatsächlich jedoch scheint diese Übung für viele von uns schwierig zu sein. Was wir dabei neben der Selbsterhellung und anderen Annehmlichkeiten verpassen, hat Seneca einmal so formuliert:

Man muss mit dem Geist schonend verfahren und muss ihm bisweilen Ruhe gönnen, die ihm Nahrung und Kraft gibt. Auch muss man sich an der freien Luft ergehen, damit die Seele in vollen Zügen die frische Luft genieße und sich dadurch kräftige und erlabe. Zuweilen tut auch eine Spazierfahrt wohl, eine Reise und Ortsveränderung, Geselligkeit und voller Becher; das frischt den Geist auf. Zuweilen mag es auch bis zu einem Räuschchen kommen, nicht bis zum Untertauchen, aber doch bis zum Eintauchen. Denn der Wein spült die Sorgen weg, greift tief ein ins Gemüt und ist ein Mittel wie gegen manche Krankheiten, so auch gegen den Trübsinn, und der Erfinder des Weines ist Liber genannt worden (lat. »frei«, der »Freie«; A.K.), nicht wegen der Ungebundenheit der Zunge, sondern weil er die Seele erlöst von der Knechtschaft der Sorgen, sie frei macht, belebt und ihr frischen Mut gibt zu jedem Vorhaben.[36]

Weisheit ist also auch Frohsinn und Heiterkeit. Vielleicht ist das sogar eines ihrer Hauptziele. In diesem Zusammenhang führt Seneca einige Beispiele »großer Männer« an, die es verstanden haben, für ausreichende Erholung von ihrer schweren Arbeit zu sorgen, indem sie sich »für gewisse Tage des Monats Ferienurlaub« verschrieben haben oder »nie über die zehnte Stunde hinaus« gearbeitet haben und dann auch keine Briefe mehr lasen, »um sich nicht neue Sorgen zu schaffen«[37]. E-Mails und Handys kannten die Römer nicht, wohl aber das Problem, das mit Arbeitsüberlastung und ständiger Erreichbarkeit verbunden ist.

PERLEN DER WEISHEIT

*Darum, wer sich nur nach außen wendet,
ohne zu sich selbst zurückzukehren, der geht als
Gespenst um, und hat er, was er da draußen sucht,
erreicht, so zeigt sich, dass, was er erreicht hat,
der Tod ist. Und wenn er trotz dieser Vernichtung
seines Geistes noch körperlich weiterbesteht,
so ist er doch nichts weiter als ein lebendes Gespenst.*[38]
Zhuangzi

MERKSATZ

Wer viel arbeitet, muss viel ruhen –
wer intensiv arbeitet, muss intensiv ruhen.

SELBSTERKENNTNIS

*Daher kann, wer sich selber nicht kennt,
mit sich selber auch nicht umgehen.*[39]
Dion Chrysostomos

Wir haben von Sokrates gelernt, dass es weise ist, sich selbst besser kennenzulernen. Nur so können wir wissen, was gut für uns ist und was uns schadet. Laotse erinnert daran, wie wichtig es ist, dass wir uns immer wieder sammeln, um zu uns selbst zurückzukehren und herauszufinden, was unsere eigentlichen Bedürfnisse sind.

Was aber ist konkret zu tun, um uns besser zu verstehen? Wie erkennen wir uns selbst?

Die antike Philosophie hat sich damit sehr intensiv beschäftigt und dafür verschiedene Wege aufgezeigt, die sich gegenseitig nicht ausschließen, sondern ergänzen. Sehr verallgemeinernd und zusammenfassend kann gesagt werden: Die indischen Lehren betonten die Wichtigkeit von Meditation und Selbstversenkung, die chinesischen die Erkenntnis der eigenen Natur, die griechischen wiederum die philosophische Erforschung der Seele.

So forderte der Yoga dazu auf, in konzentrierter Versenkung das eigene Selbst zu erfahren. Für diese jahrtausendealte Richtung der indischen Philosophie ist die Persönlichkeit eine Anhäufung von Masken, die – wie man eine russische Puppe öffnet – eine nach der anderen aufgeschnitten werden müssen, damit wir am Ende erfahren, was unseren innersten Kern ausmacht.[40]

Das chinesische Denken konzentrierte sich auf die Frage, was am Menschen und seinem Verhalten einer natürlichen Entwicklung und seiner Bestimmung entspricht. Sie nannten es den »Rechten Weg« (Dao, auch Tao). Der Mensch solle bestrebt sein, die eigenen Anlagen und seelisch-geistigen Kräfte zu erkennen, um sie mit dem natürlichen Gang der Dinge und den Gesetzmäßigkeiten des Weltgeschehens abzustimmen, und um dann – im Rahmen seiner Möglichkeiten – die eigenen Anlagen zu entwickeln. Durch das gleichzeitige Sich-Einfügen und Bei-sich-Bleiben hat der Einzelne die Möglichkeit, den Gang der Dinge zu beeinflussen und mitzugestalten. »Höchste (Selbst-)Erkenntnis beeinflusst die Wirklichkeit«, heißt es an einer Stelle.[41]

Die Griechen betonten Vernunft und begriffliches Denken und versuchten, durch Beobachtung und rationale Erschließung die eigentlichen Bedürfnisse und letzten Ziele des persönlichen und gemeinschaftlichen Lebens zu erkennen und daraus Leitsätze für die richtige Lebensführung zu formulieren.

Auf die Einzelheiten, die vielen Richtungen und Verzweigungen dieser Grundauffassungen soll hier nicht eingegangen werden. Alle beleuchten auf ihre Art zutreffende Aspekte der Selbsterkenntnis. Doch uns geht es nicht um eine Analyse der verschiedenen Theorien, sondern um die praktischen Resultate für unsere eigene konkrete Lebensführung. Diese sind weit weniger vielfältig und zeigen eine große Übereinstimmung. Im Wesentlichen lassen sich für die Frage, wie wir uns besser kennenlernen können, folgende Empfehlungen, Übungen und leitende Gedanken feststellen. Sie finden sich in der einen oder anderen Form in allen antiken Kulturen, von denen wir eine schriftliche Überlieferung besitzen:

ACHTSAMKEIT

Sehr alt und sehr modern zugleich ist die Aufforderung zur »Achtsamkeit«, die in Fortführung uralten indischen Denkens insbesondere Siddhartha Gautama (Buddha) nachdrücklich einforderte. Im Schatten eines Feigenbaums kam ihm eine grundlegende Erkenntnis über das Wesen des menschlichen Lebens. Es war keine erfreuliche Erkenntnis, denn er stellte fest, dass das Leben Leiden ist. Nun mag das nur die halbe Wahrheit sein, aber immerhin eine Wahrheit. Wir wollen die Frage von »pessimistischer« und »optimistischer« Weltauslegung hier nicht vertiefen und uns lieber anschauen, welche Schlussfolgerungen er daraus gezogen hat. Denn glücklicherweise blieb er bei dieser Erkenntnis nicht stehen, sondern zeigte zugleich den Weg zur Befreiung vom Leiden auf. Er nannte ihn den »achtfachen Pfad«. Dieser Pfad, sagte er, führe zur »Schau und Erkenntnis …, zur Ruhe, zum Wissen, zur Erleuchtung«[42]. Der Wegweiser auf diesem Pfad aber ist die Achtsamkeit. Seinen Schülern sagte er:

Klar bewusst, ihr Mönche, achtsam möge ein Mönch verharren. Das sei für euch unser Gebot. Und wie ist ein Mönch sich klar bewusst? Da verweilt ein Mönch, im Körper eine Anhäufung der verschiedenen unreinen körperlichen Elemente schauend, eifrig, achtsam, nach-

denklich, er ... verweilt, bei den Gefühlen die Empfindung erkennend ... [43]

Diese Achtsamkeit solle der Mönch ständig üben, beim Kommen und Gehen, beim Hinblicken und Wegblicken, beim Sprechen und Schweigen, beim Aufstehen und Hinsetzen. Wahrscheinlich möchten wir alle nicht unbedingt Mönch werden. Auch verstehen die wenigsten ihren Körper als eine »Anhäufung unreiner Elemente«. Aber die Radikalität der Formulierung, die vielen Philosophen eigen ist, darf uns nicht verleiten, »achtlos« über den wahren Kern dieser Äußerung hinwegzugehen. Die Radikalität des Ausdrucks ist häufig nur die letzte Konsequenz eines wichtigen Gedankens. Uns sollte es um das Verständnis dieses Gedankens gehen. Wenn wir die Worte Buddhas in unsere Sprache übersetzen, klingt es schon annehmbarer: Er fordert uns lediglich auf, unseren Gefühlen auf den Grund zu gehen. Dafür sei es nützlich, dass wir unser Verhalten beobachten und kritisch hinterfragen. Wir sollten uns Klarheit über unsere Wertvorstellungen verschaffen und uns Rechenschaft darüber abgeben, was wir von unseren Vorsätzen umgesetzt haben, was nicht und warum nicht. Das ist Achtsamkeit. Es ist der erste Schritt, Probleme oder Schwierigkeiten, die uns belasten (»Leiden«), loszuwerden. Denn wenn wir das Problem nicht sehen, wie sollen wir es jemals lösen? Wenn wir es nicht »klar« sehen, wie können wir die richtigen Gegenmaßnahmen ergreifen?

Bei den alten Chinesen hört sich »Achtsamkeit« so an:

Wenn das Bewusstsein abwesend ist, so blickt man, ohne zu sehen, so hört man, ohne zu vernehmen, so isst man, ohne Geschmack zu empfinden. Das heißt: Die Bildung der Persönlichkeit beruht auf der Rechtmachung des Bewusstseins.[44]

Die »Achtsamkeit« erscheint hier als bewusste Wahrnehmung unserer sinnlichen Eindrücke und als eine »Rechtmachung des Bewusstseins«. Eine solche »Rechtmachung des Bewusstseins« führt zu einer »Bildung der Persönlichkeit«. Das Bemühen um Achtsamkeit als eine Form der Selbsterkenntnis führt demnach zu einer Weiterentwicklung unserer Persönlichkeit.

Auch die alten Griechen kannten sehr genau Wesen und Bedeutung der »Achtsamkeit«. In einer häufig zitierten Äußerung brachte es Sokrates auf den Punkt, als er behauptete, »dass ein Leben ohne Selbstprüfung und Selbsterforschung nicht lebenswert sei«[45]. Auch das sollten wir nicht als Übertreibung abtun, sondern wir sollten es als eine Zuspitzung und Aufforderung verstehen. Wir brauchen nur an den engen Zusammenhang von Achtsamkeit, Selbsterkenntnis und Persönlichkeitsentwicklung zu denken, um zu verstehen, was Sokrates sagen wollte: Was wäre ein Leben ohne Persönlichkeitsentwicklung? Sind wir nicht alle bestrebt, das Beste aus unserem Leben zu machen? Wir werden aber schwerlich Fortschritte erzielen, wenn wir dabei unseren vielfältigen Seeleninhalten nicht nachspüren und unsere eigentlichen Bedürfnisse außer Acht lassen. Seneca sprach aus, was den Kern der sokratischen »Achtsamkeit« ausmacht: »Prüfe dich bis ins Innerste, erforsche und beobachte dich auf jede Weise; achte vor allem darauf, ob du ... im Leben selbst Fortschritte gemacht hast.«[46]

AUFRICHTIGKEIT

Bei der Aufgabe, die Selbsterkenntnis zu vertiefen, kam im antiken Weisheitsdenken der Aufrichtigkeit eine große Bedeutung zu. Gemeint war nicht nur, dass jeder das sagen und tun sollte, was er denkt und für richtig hält. Es ging vor allem um die Ehrlichkeit sich selbst gegenüber. Sich selbst betrügen, meinte Sokrates, ist von allem das Schlimmste.[47] Dass es aber gar nicht so einfach ist, sich selbst gegenüber aufrichtig zu sein und alle unbewussten Hindernisse und Fallstricke auf dem Weg zu einem besseren Selbstverständnis auszuräumen, hat nicht erst die Psychoanalyse gelehrt. Es ist erstaunlich, zu welchen tiefenpsychologischen Erkenntnissen bereits die alten Inder gelangt sind. Ihre Weisen erkannten, dass es bei dem Blick in das eigene Seelenleben vor allem darum geht, die unbewussten Prägungen durch unsere persönliche Lebensgeschichte zu erkennen. Diese Prägungen haben einen erheblichen Einfluss auf unser Verhalten, unsere Anschauungen und unser Wohlbefinden. Das Bemühen um aufrichtige Selbsterkenntnis zielt darauf ab, diese Prägungen aufzudecken und ihren störenden Einfluss auf unser Leben zu vermindern. »Loslösung«, »Befreiung« oder »Reinigung« nannten es die Inder:

Die Sehnsucht nach Befreiung ist der Wille, sich von den Ketten, die die Unwissenheit geschmiedet hat ..., durch Erkenntnis des eigenen wahren Wesens zu befreien.[48]

Unzureichende Selbsterkenntnis (»Unwissenheit«) und mangelnde Aufrichtigkeit sind hier ein und dasselbe. In den Yogasutras des Patañjali lesen wir, dass die aus »Weisheit entsprungenen (unterbewussten) Eindrücke die anderen (unterbewussten) Eindrücke verdrängen«[49]. »Weisheit« meint hier Wissen um das eigene Selbst. Eine bessere Selbsterkenntnis beeinflusst demnach unseren gesamten seelisch-emotionalen Haushalt in positiver Weise, indem sie belastende Prägungen erkennt und abzubauen hilft.

Erhellend ist eine Stelle bei den alten Chinesen. Dort ist zuvor von einem »Wahrmachen der Gedanken« die Rede, ein anderer Ausdruck für aufrichtige Selbsterkenntnis. Von diesem »Wahrmachen der Gedanken« heißt es:

Mit Wahrmachen der Gedanken ist gemeint, dass man sich nicht selbst betrügt. Das ist die Geborgenheit im eigenen Innern. Darum achtet der Weise stets auf das, was er für sich allein hat.[50]

Ob wir den Ausdruck »Geborgenheit im eigenen Innern« der Kreativität des Übersetzers verdanken oder dem altchinesischen Zeichen, das hier übersetzt wurde, sei dahingestellt. Aber die Vorstellung, dass wir, wenn wir uns selbst gegenüber aufrichtig sind und uns besser kennenlernen, in uns selbst zunehmend Geborgenheit finden, also ein Gefühl von Sicherheit, Ruhe und Wärme, macht deutlich, wie weit die Wirkungen aufrichtiger Selbsterforschung reichen. Aufrichtigkeit ist der erste und vielleicht wichtigste Schritt zur inneren Harmonisierung und zur Herstellung eines Gefühls der inneren Stimmigkeit und des sinnvollen Zusammenhangs unseres Denkens, Fühlens und Handelns, modern gesprochen eines »Kohärenzgefühls«. »Einstimmig leben« nannte es der griechische Philosoph Zenon und bezeichnete es als das wichtigste Ziel unseres Lebens.[51] Diese innere Stimmigkeit, »Authentizität« würden wir heute sagen, führt für sich schon zu einem Wohlgefühl, unabhängig davon, welche konkreten Schlussfolgerungen wir für unser Leben daraus ziehen. Wir kommen bei uns an und fühlen uns heimisch in uns. In dem Bemühen um aufrichtige Selbsterkenntnis sah die Antike in West und Ost einen Königsweg zum Glück. »Wer sein Herz erkennt, den kennt das Glück«, heißt es in einem ägyptischen Papyrus.[52]

Machen wir uns durch zwei Beispiele klar, was mit »Wahrmachen der Gedanken« in dem obigen Zitat aus dem »Buch der Riten, Sitten und Gebräuche« gemeint ist. Wenn wir nicht wissen, dass und aufgrund welcher Prägungen und Empfindlichkeiten wir die sachliche Kritik eines anderen als persönlichen Angriff werten, werden wir weder die Kritik positiv für uns nutzen können noch angemessen darauf reagieren. Wir stehen uns selber im Wege. Ein anderes Beispiel: Wenn wir uns nicht eingestehen, dass uns eine langjährige Beziehung nicht mehr erfüllt oder dass gravierende Probleme nicht ausgesprochen werden, dann werden wir uns auf Dauer in der Beziehung nicht glücklich fühlen. Beides sind Fälle ungenügender Selbsterkenntnis. Das zeigt, welch weites Feld das Thema »Aufrichtigkeit sich selbst gegenüber« abdeckt.

Auch wenn viele von uns der Meinung sind, sich selbst zu kennen, so dürfte es doch niemanden geben, der sich über alle inneren und äußeren Prägungen vollkommen im Klaren wäre. Die Wahrheit ist, dass sich jeder mehr oder weniger gut kennt. Den Weisen der Antike ging es darum, dieses »mehr« zu vergrößern, weil sie erkannten, wie sehr unser Glück davon abhängt: »Wie sollte ich«, schrieb der schon betagte Seneca, »nicht noch manches an mir haben, was der Sammlung, was der Minderung, was der Steigerung bedarf? Und eben dies ist ein deutliches Zeichen innerer Besserung, dass man die eigenen Fehler, soweit sie einem noch unbekannt waren, erkennt.«[53] Dazu passt, was Konfuzius einmal sagte: »Wenn ich Fehler mache, dann wird das von den Leuten ganz sicher bemerkt: das ist mein Glück.«[54] Denn es half ihm, sich besser kennenzulernen und sich so von Fehlern zu befreien.

SELBSTPRÜFUNG

Neben der Achtsamkeit gegenüber den eigenen Gefühlen und Regungen und der Aufrichtigkeit sich selbst gegenüber empfahl das antike Weisheitsdenken eine regelmäßige »Selbstprüfung«. Sie ist eng verwandt mit der Achtsamkeit. Aber während die Achtsamkeit mehr einen Zustand erhöhter und ständiger Bewusstheit meint für das, was wir gerade tun und was um uns herum geschieht, meint die Selbstprüfung ein regelmäßiges kritisches Bilanzieren unseres Zustandes und Verhaltens. Wir sind keine starren Wesen, sondern verändern uns ständig, wenn auch kaum merklich. Solche Veränderungen sind erwünscht, jedenfalls soweit wir dazulernen und persönliche Fortschritte machen. Wer möchte schon die gleichen Fehler stets wiederholen? Selbsterkenntnis ist ein dynamischer Prozess: Es gilt, immer wieder hinzuschauen, wo wir stehen, und zu prüfen, ob wir Fortschritte machen. Tun wir dies nicht, sollten wir uns fragen, woran es liegt, und gegebenenfalls die Strategie ändern. »Monitoring« nennt man das im heutigen Wirtschaftsleben. Dieses Wort kannte die Antike natürlich nicht, wohl aber die

Sache, um die es geht. Pythagoras, der sich neben der Mathematik auch für die menschliche Seele interessierte, empfahl, dass wir uns dreimal am Tag selbst prüfen sollen.[55] Seither wurde dieser Rat immer wieder aufgegriffen. Zur Steigerung der Achtsamkeit sich selbst gegenüber riet Epikur, dass wir uns vorstellen sollen, jemand schaue uns ständig zu. Seneca hielt es mit der täglichen Selbstprüfung vor dem Schlafengehen:

Was kann es Schöneres geben als die Gewohnheit, den ganzen Tag zur Prüfung an sich vorüberziehen zu lassen? Und was für ein Schlaf folgt auf diese Selbstschau, wie ruhig, wie tief und frei, wenn die Seele entweder ihr Lob oder ihre Mahnung erhalten hat und als ihr eigener geheimer Beobachter und Richter sich Rechenschaft gegeben hat über ihr sittliches Verhalten?[56]

Stoßen wir uns nicht an einzelnen Worten wie »Mahnung«, »Richter« oder »sittliches Verhalten«, sondern versuchen wir, den Sinn des Zitats in unsere Sprache zu übersetzen. Was Seneca empfiehlt, ist, dass wir uns regelmäßig prüfen, ob wir bei dem, was wir uns vorgenommen haben, Fortschritte erzielen; wenn nicht, sollten wir uns fragen, warum nicht – und wenn wir ernsthaft etwas ändern wollen, sollten wir versuchen, Konsequenzen daraus zu ziehen. Ohne ein solches kontinuierliches persönliches Bilanzieren wird es schwer sein, nachhaltig Fortschritte zu erzielen. Bloße Vorsätze bleiben häufig wirkungslos, wenn wir ihre Umsetzung nicht überprüfen. Neben der Langzeitwirkung hat Senecas Empfehlung auch einen unmittelbaren Effekt: Wir schlafen gut – allein dafür lohnt sich die Übung.

Bei den Chinesen finden wir ganz ähnliche Ratschläge. Im »Buch der Riten, Sitten und Gebräuche« heißt es: »Des Morgens früh geht er an sein Werk, des Abends prüft er sich selbst. Darauf denkt er sein Leben lang.«[57] In den »Gesprächen« des Konfuzius sagt einer seiner Schüler: »Täglich prüfe ich mich in zweierlei Hinsicht: … War ich aufrichtig … Habe ich geübt, was ich gelernt habe?«[58]

Sehr hilfreich ist es, diese Selbstprüfung schriftlich zu machen. »Dieses sollten die Philosophen täglich bedenken, dieses täglich schreiben, in diesem sich üben«[59], empfahl Epiktet. In der Philosophenschule des Epikur war es üblich, schriftlich zu meditieren.[60] Häufig legte man sich in gegenseitigen Briefen Rechenschaft ab über die gemachten Fortschritte bei der Selbsterziehung oder über Probleme bei der persönlichen Umsetzung von Weisheitsregeln. Seneca, dessen Hauptwerk aus über 120 Briefen an seinen Freund Lucilius bestand, schrieb ihm einmal:

Lege Gewicht darauf, was du schreibst, nicht wie. Ja, selbst nicht, dass du schreibst, sondern dass du nachdenkst und die Ergebnisse dieses Nachdenkens dir zu eigen machst und ihnen gleichsam den eigenen Stempel aufdrückst.[61]

Das Schreiben über sich selbst ist eine privilegierte Form des Nachdenkens und Philosophierens, bei der wir uns Erfahrungen oder Einsichten »zu eigen machen«, also verinnerlichen und zu einem Teil unserer selbst machen, mit ihnen »verwachsen«[62]. Ohne eine solche Verinnerlichung besteht die Gefahr, dass gemachte Erfahrungen und gewonnene Einsichten ohne Wirkung auf unsere

Lebenspraxis bleiben. Es ist etwas anderes, ob wir bloß über uns nachdenken oder unsere Gedanken dabei aufschreiben. Beim Nachdenken verführt uns das Unbewusste abzuschweifen, insbesondere dort, wo es brenzlig wird und wir häufig einer Wahrheit über uns ausweichen. Die Seele ist eine schmutzige Kneipe, in der die Dämonen ein- und ausgehen, wie sich der antike Lehrer Valentinus einmal ausdrückte.[63] Wir verspüren jedoch wenig Lust, uns mit unseren Dämonen auseinanderzusetzen. Viel lieber beschäftigen wir uns mit denen der anderen. Doch je mehr Quälgeister wir aus dem eigenen Keller hervorholen, umso mehr lernen wir über uns. Und schreiben wir einen Gedanken auf, wird er festgehalten, steht da und will schlüssig fortgesetzt werden. Schriftliches Nachdenken ist demnach intensiver und konsequenter. Das Schreiben ordnet unser Nachdenken. In Anspielung auf eine solche schriftliche Selbstbesinnung schreibt Seneca in einem anderen Brief an Lucilius:

... nach deinen schriftlichen Mitteilungen ... darf ich Gutes von dir hoffen. du hastest nicht hin und her und zerstreust dich nicht ... Erstes Anfordernis an eine Geistesverfassung, die als eine wohlgeordnete gelten soll, ist meines Erachtens die Fähigkeit, den Schritt zu hemmen und Einkehr in sich selbst zu halten.[64]

Schriftliche Selbstprüfung bedeutet »den Schritt hemmen und Einkehr in sich selbst halten«. Es ist eine sehr wohltuende und nützliche Gewohnheit, wenn wir uns hin und wieder in ein Café zurückziehen und über uns schreiben: über Probleme, die uns belasten, über schöne Momente, die wir erlebt haben, über eindrückliche Erlebnisse, oder eben über persönliche Fortschritte, die wir gemacht haben oder auch nicht. Viele bedeutende Persönlichkeiten haben auf diese Weise Zwiesprache mit sich gehalten und dabei viel für sich gewonnen.

Das bedeutendste antike Zeugnis für den großen Nutzen schriftlicher Aufzeichnungen stellen die »Ermahnungen an sich selbst« des Philosophenkaisers Mark Aurel dar. Üblicherweise wird der Titel mit »Selbstbetrachtungen« übersetzt. Obgleich Mark Aurel zeitlebens gezwungen war, zahlreiche Kriege zu führen, um den Zerfall des römischen Weltreichs zu verhindern, nahm er sich an vielen Abenden die Zeit zu einer intensiven Selbstbesinnung. Heraus kam dabei ein Buch, das »die hohe Weisheit der Antike zur Wahrheit gemacht hat«[65], ein Kompendium von Einsichten voller tiefer Menschenkenntnis, das bis auf den heutigen Tag viele Leser fasziniert und auf ihrem Lebensweg begleitet hat. Es zeugt von »ungezählten Spuren«[66] der Selbstbeobachtung. So lesen wir über die »Selbsterkenntnis«: »Die Menschen aber, die nicht auf die Bewegungen der eigenen Seele achten, müssen unweigerlich unglücklich sein.«[67]

Wir belassen es bei diesem Dreiklang von Achtsamkeit, Aufrichtigkeit und Selbstprüfung als Wege zu einer Vertiefung der Selbsterkenntnis und Vergewisserung des eigenen Selbstverständnisses. Es sind nicht die einzigen, aber sie gehören zu den wichtigsten.

PERLEN DER WEISHEIT

*Das Selbst, fürwahr, soll man sehen, soll man hören,
soll man verstehen, soll man überdenken,
wer das Selbst gesehen, gehört, verstanden und
erkannt hat, der kennt die ganze Welt.*[68]
Upanishaden

MERKSATZ

Wir lernen uns kennen,
wenn wir auf uns achten,
aufrichtig zu uns sind
und regelmäßig Bilanz ziehen.

WAS SELBSTERKENNTNIS BEWIRKT

*Wenn irgendetwas in Unordnung geriet,
so zogen sie sich zurück und suchten
den Fehler bei sich.*[69]
Zhuangzi

Wir haben gehört, dass es gut ist, wenn wir uns regelmäßig Zeit für uns nehmen, um uns zu sammeln und uns nachzuspüren. Wir gewinnen wieder Klarheit über unsere eigentlichen Bedürfnisse, stärken unser Selbstvertrauen und schöpfen neue Energie. Aber die Wirkungen einer verbesserten Selbstwahrnehmung gehen noch darüber hinaus. Was geschieht, wenn wir uns selbst besser erkennen, fassten die Alten in eine einfache Formel: Dann verändert sich die Welt! Genauer: Dann verändern wir die Welt! Das jedenfalls ist der Sinn eines der bedeutendsten Texte der altchinesischen Philosophie. Er wird Konfuzius zugeschrieben. Die Übersetzung seines Titels heißt kurz und bündig: »Das große Lernen«[70]. Der Grundgedanke dieser kleinen Schrift besagt, dass jede erfolgreiche Gestaltung und Beeinflussung der Wirklichkeit von der Klärung der eigenen Persönlichkeit auszugehen hat. Es ist sehr lohnenswert, sich die Kernpassage dieser Abhandlung genauer anzuschauen und ihren Sinn zu verstehen, denn sie verdeutlicht, wie unmittelbar Selbsterkenntnis mit der Lebensgestaltung zusammenhängt. Zum besseren Verständnis wird die Übersetzung mit Klammerzusätzen erläutert. Aufbauend auf dem Gesamtverständnis des Textes sind diese Zusätze der Versuch einer Annäherung an den Sinn des Ausgesagten, sie erschöpfen ihn aber nicht:

Indem die Alten auf der ganzen Erde die klaren Geisteskräfte klären wollten (ein erfülltes, harmonisches Zusammenleben ermöglichen wollten), ordneten sie zuerst ihren Staat; um ihren Staat zu ordnen, regelten sie zuerst ihr Haus (Familie); um ihr Haus zu regeln, bildeten sie zuerst ihre Persönlichkeit; um ihre Persönlichkeit zu bilden, machten sie zuerst ihr Bewusstsein recht (einen verantwortungsvollen Charakter bilden); um ihr Bewusstsein recht zu machen, machten sie zuerst ihre Gedanken wahr (Aufrichtigkeit, Integrität); um ihre Gedanken wahr zu machen, brachten sie zuerst ihre Erkenntnis aufs Höchste (Selbsterkenntnis, Welterkenntnis). Die höchste Erkenntnis besteht darin, dass die Wirklichkeit beeinflusst wird.

Nur wenn sie die Wirklichkeit beeinflusst, dann erst ist die Erkenntnis auf ihrer Höhe; wenn die Erkenntnis auf ihrer Höhe ist, dann erst werden die Gedanken wahr; wenn die Gedanken wahr sind, dann erst wird das Bewusstsein recht; wenn das Bewusstsein recht ist, dann erst wird die Persönlichkeit gebildet; wenn die Persönlichkeit gebildet ist, dann erst wird das Haus geregelt; wenn das Haus geregelt ist, dann erst wird der Staat geordnet; wenn der Staat geordnet ist, dann erst kommt die Welt in Frieden.[71]

Zunächst wollen wir uns mit einem Kernsatz des Textes beschäftigen: »Die höchste Erkenntnis besteht darin, dass die Wirklichkeit beeinflusst wird.«

Wir könnten einwenden, dass Erkenntnis bloß eine geistige Tätigkeit ist und als solche nicht die Wirklichkeit beeinflusst. Damit aber würden wir die »Wirklichkeit« auf »Äußeres« beschränken und unsere Gedanken und Empfindungen als »unwirklich« abwerten.

In der Tat scheinen wir dies häufig zu tun, indem wir unser Innenleben vernachlässigen und den größten Teil unserer Zeit auf Äußeres und Äußerlichkeiten verwenden. Der Autor des Zitats ging aber davon aus, dass Erkenntnis und Wirklichkeit nicht etwas völlig anderes sind und sich gegenseitig durchdringen. Wahrscheinlich hat ihn ein ähnlicher Gedanke bewegt wie Sokrates: Dieser behauptete nämlich, dass eine Lebensweisheit so lange unverstanden bleibt, wie sie nicht umgesetzt und gelebt wird. Es sei überhaupt keine »Erkenntnis«, wenn wir etwas zu wissen meinen, aber nicht danach handeln. Wenn wir etwa maßvollen Genuss für richtig halten, aber immer wieder über die Stränge schlagen. In Wahrheit sei dies kein Wissen, sondern Unwissenheit: Man brauche »das Schöne und Gute nur zu kennen, dann würde man diesem unmöglich etwas anderes vorziehen, wisse man es aber nicht, so könne man es auch nicht ausüben, sondern man ginge bei einem Versuch fehl«[72]. Wer demnach »wirklich« etwas begriffen habe, der handele auch danach und wirke damit auf die Realität ein. Ähnlich wie Sokrates scheint Konfuzius uns sagen zu wollen, dass das Charakteristische der »höchsten« Erkenntnis (in der Selbsterforschung) darin liegt, dass sie in Lebenspraxis umschlägt und tatsächlich etwas verändert (»die Wirklichkeit beeinflusst«), sei die Veränderung noch so unscheinbar.

Ein weiterer Einwand gegen den Satz von der Beeinflussung der Wirklichkeit durch Selbsterkenntnis könnte lauten, dass alles Denken und Handeln irgendwie die Wirklichkeit verändert, ob es nun auf »höchster Erkenntnis« beruht oder auf Halbwissen oder Unwissenheit. Das stimmt. Der Satz muss daher anders verstanden werden, wenn er Sinn ergeben soll. Er wird sinnvoll, wenn damit gesagt werden sollte, dass die »höchste Erkenntnis« die Wirklichkeit in eine ganz bestimmte Richtung beeinflusst, nämlich in diejenige, in die wir sie verändern wollen. Dass tatsächlich so etwas gemeint war, legt der Zusammenhang der ganzen Stelle nahe. Denn es ist die Rede davon, wie wir bestimmte Ziele erreichen, angefangen von der Selbsterkenntnis über die Persönlichkeitsentwicklung und die harmonische Gestaltung der eigenen Lebenswelt bis hin zu einer »Welt in Frieden«.

Was der Text uns sagen will, ist Folgendes: Wenn wir unsere Lebensumstände nach unseren Vorstellungen gestalten wollen, dann haben wir damit bei uns selbst anzufangen. Je weiter wir in der Erkenntnis unserer selbst kommen, umso eher gelingt es, uns zu einer autonomen und authentischen Persönlichkeit zu bilden (»Wahrmachen der Gedanken« und »das Bewusstsein recht machen«).

Haben wir auf diese Weise unsere Fähigkeit zur Selbstbildung erfolgreich unter Beweis gestellt, so werden wir umso »zielführender« auf die Familie, die Freunde, die Arbeitskollegen oder Dritte wirken können. Der Einfluss, der von uns ausgeht, ist umso nachhaltiger, je tiefer er in einer geklärten Persönlichkeit wurzelt, je mehr er also unserer authentischen Mitte entspringt. Dass von einer in sich ruhenden, authentischen Persönlichkeit eine starke Wirkung ausgeht, ist ein Phänomen, das uns allen bekannt ist. Wir nennen diese Menschen »charismatische Persönlichkeiten«. Eine solche Persönlichkeit erlangen wir nicht durch Geburt oder Zufall. Sie ist das Ergebnis einer kontinuierlichen Arbeit an sich selbst. Sie ist auch kein unerreichbares Ideal. Jede Bemühung in diese Richtung ist ein kleiner Schritt zu mehr positiver Wirksamkeit oder »Charisma«. Wer dagegen meint, sich erst gar nicht auf den Weg machen zu müssen, weil er das Ziel ohnehin nicht erreichen werde, der gleicht einem Schüler des Konfuzius, der einmal sagte: »›Nicht dass ich des Meisters Lehre nicht liebte, aber meine Kraft reicht nicht aus dafür.‹ Der Meister sprach: ›Wem seine Kraft nicht ausreicht, der bleibt auf halbem Wege liegen, aber du beschränkst dich ja von vornherein selber.‹«[73] Irgendwo stoßen wir alle an unsere Grenzen, aber ob wir überhaupt bis dahin kommen, liegt allein an uns selbst.

Eine vertiefte Selbsterkenntnis hilft uns, die Dinge um uns herum und damit die Welt besser zu verstehen. So heißt es in einem klassischen chinesischen Text:

Wer sein Wesen durchdringen kann, kann das Wesen der Menschen durchdringen. Wer das Wesen der Menschen durchdringen kann, der kann das Wesen der Dinge durchdringen.[74]

»Ohne aus der Tür zu gehen, kennt man die Welt«, sagt Laotse. Umgekehrt scheinen wir das Wesentliche in dem Maße aus den Augen zu verlieren, wie wir uns in den Zerstreuungen der Welt verlieren: »Je weiter einer hinausgeht, desto geringer wird sein Wissen.«[75] Aus dem gleichen Grunde nannte Buddha den durch Selbstversenkung Erleuchteten auch einen »Weltenkenner«[76]. Je besser wir aber die Dinge und Verhältnisse um uns herum verstehen, umso effektiver können wir auf sie einwirken. Diese »Effektivität« ist gemeint, wenn es heißt, dass »höchste Erkenntnis die Wirklichkeit beeinflusst«.

Wir können den Sinn des Ausgangstextes »Das große Lernen« folgendermaßen zusammenfassen: Jede Ausgestaltung unseres Lebens, jede Lösung einer Aufgabe oder eines Problems hat bei uns selbst anzufangen. Alle Herausforderungen und Probleme, vor die uns das Leben stellt, haben immer auch mit uns selbst zu tun. Wenn wir ein Problem verstehen wollen, sollten wir uns daher stets mit in den Blick nehmen.

Jedes tiefere Verstehen eines Problems ist Selbstauslegung oder, wie es in der Philosophie heißt: »Hermeneutik«. Selbsterkenntnis, Lebensgestaltung und Problembewältigung sind ganz eng miteinander verknüpft. Es war eine der grundlegenden Einsichten des antiken Weisheitsdenkens in West und Ost, dass unser seelisches Wohlbefinden ganz entscheidend von der Selbsterkenntnis abhängt. Der griechische Philosoph Demokrit hat diese Einsicht auf die einfache Formel gebracht: »Glück und Unglück liegen in der eigenen Seele.«[77]

Ein Beispiel soll das verdeutlichen. Das Unternehmen, für das wir arbeiten, wechselt den Standort. Wir stehen vor der Wahl, entweder mitzukommen oder unsere Arbeitsstelle zu verlieren. Zunächst halten wir diese Entwicklung für ein großes Unglück und sehen die vielen Gründe, die gegen den Wechsel sprechen. Nun kann es sein, dass alle diese Gründe mehr oder weniger nur vorgeschoben sind. Denn eigentlich haben wir Angst vor der Veränderung und den damit verbundenen Unsicherheiten. Wird uns das klar und gelingt es uns, durch die Erkenntnis der tieferen Gründe unserer Unsicherheit die Angst zu überwinden, so können wir einen neuen Blick auf das Problem »Standortwechsel« werfen. Plötzlich sehen wir viele Gründe, die für einen Wechsel sprechen, und gestehen uns ein, dass der gegenwärtige Wohnort auch seine negativen Seiten hat. Allmählich wünschen wir selbst den Wechsel und freuen uns darauf. An dem äußeren Problem hat sich nichts geändert. Nur unsere Einstellung hat sich geändert, weil wir einen vertieften Blick in unser Seelenleben getan und bestimmte Prägungen erkannt haben, nämlich unsere Angst vor Veränderung und das daraus resultierende Gefühl von Unsicherheit. Diese Prägungen haben uns den Blick für die positiven Seiten der Veränderung verstellt. Je deutlicher wir das erkennen, umso eher kann sich die Angst auflösen. Das ist gemeint, wenn es heißt, »höchste Erkenntnis beeinflusst die Wirklichkeit«.

Abschließend soll auf einen weiteren Aspekt des Textes hingewiesen werden.

Das Bemühen um Selbsterkenntnis und die darin zum Ausdruck kommende Sorge um das eigene Selbst sind kein Egoismus, sondern gleichsam eine gesellschaftspolitische Handlung. Selbsterkenntnis, individuelle Ethik, weise Lebensführung tragen Früchte für die Gemeinschaft. Sie sind identisch mit sozialer Ethik und gesellschaftspolitischem Handeln. Vertiefte Selbsterkenntnis »beeinflusst die Wirklichkeit«, indem die Veränderungen, die sie in uns auslöst, sich stufenweise in den einzelnen Gemeinschaftsformen fortsetzen, in denen wir leben.

Sie ist praktizierte Mitmenschlichkeit, für Konfuzius der höchste Wert einer weisen Lebensführung. Richtig verstandene »Selbstsorge« (Platon) ist die nachhaltigste Fürsorge, die wir unseren Mitmenschen bieten können. Tatsächlich beeinflussen die meisten von uns ohnehin nur ihr persönliches Umfeld. Dort wirken wir vorwiegend durch das, was wir sind, durch unsere Persönlichkeit. Es hat demnach eine starke soziale Komponente, wenn Aristoteles den Menschen auffordert, er sei »sich selbst am meisten Freund, und so soll man sich auch selbst am meisten lieben«[78]. In jedem Einzelnen von uns liegt der Schlüssel zu jeder Form von Humanität.

Es gilt demnach, zwei Aspekte festzuhalten: Je mehr wir über uns erfahren, umso mehr verändern wir uns und damit zugleich unsere Lebenswelt. Und: Die erfolgreiche Gestaltung unserer Lebenswelt hängt unmittelbar mit der Gründlichkeit und Angemessenheit unserer Selbsterfahrung zusammen. Das macht die fundamentale Bedeutung der »Selbsterkenntnis« für eine weise Lebensführung aus. Deshalb kam ihr im antiken Weisheitsdenken in Griechenland, China und Indien eine zentrale Rolle zu. Diese zentrale Rolle hat sie bis zum heutigen Tag behalten.

PERLEN DER WEISHEIT

*Vom Himmelssohn bis zum gewöhnlichen Mann
gilt dasselbe: Für alle ist die Bildung der
Persönlichkeit die Wurzel. Dass einer, dessen Wurzel in
Unordnung ist, in seinen Verzweigungen Ordnung hat,
das gibt es nicht. ... Das heißt Erkenntnis der Wurzel.
Das heißt höchste Erkenntnis.*[79]
Buch der Riten, Sitten und Gebräuche

MERKSATZ

Mit zunehmender Selbsterkenntnis
wächst unsere Fähigkeit,
das Leben zu gestalten.

DIE ANDEREN

*Ich hadere nicht mit dem Himmel,
ich grolle nicht den Mensch*en.[80]
Konfuzius

Wenn wir uns Zeit für uns nehmen und unsere Selbsterkenntnis vertiefen, entwickeln wir die eigene Persönlichkeit weiter und gewinnen dadurch an Einfluss auf unsere Lebenswelt, eine Lebenswelt, die bevölkert ist von den »Anderen«, und die sind nach einem Ausspruch des französischen Philosophen Sartre: »die Hölle«. Scheitert nicht unsere ganze Lebensplanung und unser Bemühen um Gelassenheit und innere Ruhe immer wieder an den »Anderen«, etwa dem Chef, einem Arbeitskollegen, dem Nachbarn, einer Verkäuferin oder, wenn es übel kommt, dem Lebenspartner? In der Tat meinen wir häufig, die anderen Menschen seien schuld an unseren Problemen. Das antike Weisheitsdenken in West und Ost war dagegen der Auffassung, dass unsere Probleme viel weniger mit den Anderen zu tun haben als vielmehr mit uns selbst. Demzufolge liegt es an uns allein, ob sich unsere Lebensplanung *trotz* der Anderen oder häufig erst *mit* ihnen erfüllt.

Ein wesentlicher Gewinn einer verbesserten Selbstwahrnehmung besteht darin, dass wir dabei zugleich viel über unsere Mitmenschen und über das Menschsein an sich lernen. Je mehr wir über die Funktionsweise unseres eigenen Seelenlebens erfahren, umso besser verstehen wir die Psychologie der Anderen:

Wenn man seine Mitte erkennt, erkennt man die Übertragung von sich auf andere (Mitgefühl). Wenn man die Übertragung erkennt, erkennt man das Äußere.[81] (Buch der Riten, Sitten und Gebräuche)

Das Verstehen der Anderen aber ist die erste und wichtigste Voraussetzung dafür, dass wir mit ihnen zurechtkommen und Einfluss auf sie gewinnen. »Wer sein Wesen durchdringen kann, kann das Wesen der Menschen durchdringen« und dadurch seine Wirklichkeit »schöpferisch gestalten«[82]. Wenn wir unseren Lebenspartner, unsere Kinder, unsere Arbeitskollegen, unseren Chef verstehen, dann können wir auch unsere Beziehung zu ihnen verstehen. Wenn wir uns selbst genauso wie den Anderen und die Beziehung verstehen, dann können wir die Beziehung zielgerichtet gestalten. Das ist der Weg, aus der »Hölle« herauszukommen und sie in ein angenehmes oder doch erträgliches Miteinander zu verwandeln. Denn Hass, Zorn und Ärger nehmen ab und verschwinden am Ende völlig, je besser wir unsere Mitmenschen verstehen.

Am weitesten hat diesen Gedanken des gegenseitigen Verstehens die altindische Philosophie entwickelt, und es lohnt sich, sie hier heranzuziehen:

»Hol mir eine Feige her«, sprach der Vater Aruni zu seinem Sohn Svetaketu.
»Hier ist sie, Ehrwürdiger.«
»Spalte sie.«
»Sie ist gespalten, Ehrwürdiger.«

»Was siehst du darin?«
»Ganz feine Körner, Ehrwürdiger.«
»Spalte nun bitte eines von ihnen.«
»Es ist gespalten, Ehrwürdiger.«
»Was siehst du darin?«
»Gar nichts, Ehrwürdiger.«
Da sprach er zu ihm: »Wahrlich, mein Lieber, dieses Feinste, das du gar nicht wahrnimmst, aus ihm ist jener große heilige Feigenbaum entstanden. Glaube, o Teurer, was jene Feinheit ist, aus dem besteht dieses Weltall, das ist das Reale, das ist die Seele, das bist du, o Svetaketu!«[83]

Dieses »Das bist Du!« (Tat tvam asi) gelangte schon im alten Indien zu großer Berühmtheit. Es gilt als der Kerngedanke der wichtigsten indischen philosophischen Schriften, den sogenannten Upanishaden, aus denen das Zitat stammt. Als Schopenhauer diese Schriften kennenlernte, war er so begeistert von ihrem Inhalt, dass er meinte, in diesem »Tat tvam asi« sei alles Wesentliche begriffen, worunter er vor allem seine eigene Philosophie von der »Welt als Wille und Vorstellung« verstand.

Was bedeuten diese drei Worte? Stark vereinfacht wollen sie sagen, dass wir im Mitmenschen uns selbst sehen sollen und in uns selbst den Mitmenschen. Die Inder meinten das nicht im übertragenen Sinn, sondern ganz real. Im Grunde gebe es nur ein einziges Sein, alles andere sei bloßer Schein und unwirklich. Erfahren wir dieses Sein an uns selbst, so erkennen wir, dass alles in uns ist und wir in allem. Im Hinblick auf zwischenmenschliche Beziehungen können wir uns das in etwa so vorstellen: Es ist dasselbe Leben, das in uns und in dem Mitmenschen pulsiert. Darin enthalten ist die Idee, dass sich das Denken und Fühlen der Mitmenschen nicht davon unterscheidet, wie wir selbst denken und fühlen. Im Mitmenschen steckt immer auch etwas von uns und in uns immer etwas von dem Mitmenschen: »Gibt es ein Wort, nach dem man das ganze Leben hindurch handeln kann?«, wurde Konfuzius einmal gefragt. Er antwortete: »Das Bewusstsein der Gleichheit (Nächstenliebe).«[84]

Praktisch gewendet kann dies Folgendes bedeuten: Wenn wir die Handlung oder Entscheidung eines Anderen verstehen wollen, ist es hilfreich, sich zu fragen, ob wir in der Situation des Anderen nicht genauso handeln und entscheiden würden wie er. Wenn wir beim Anderen eine Schwäche oder einen Fehler erkennen, lohnt es, sich zu fragen, ob nicht auch wir etwas von dieser Schwäche in uns haben. Denn es »gibt wenig Fehler, die wir nicht mit unseren Nachbarn teilen«[85]. Auch sollten wir die Umstände bedenken, unter denen der Andere handelt. Jede Handlung hat eine Vorgeschichte, und wer weiß, ob wir bei identischer Vorgeschichte nicht ebenso handeln würden. Der Philosophenkaiser Mark Aurel sagte einmal:

Wenn du an den Fehlern eines anderen Anstoß nimmst, dann wende dich alsbald zu dir selber und überlege, ob du ähnliche Fehler hast ... Denn wenn du darauf deine Gedanken richtest, wirst du schnell deinen Zorn vergessen, wenn dir dabei einfällt, dass jener unter einem Zwang steht.[86]

Mit der Formulierung »unter einem Zwang stehen« meinte er, dass alles menschliche Verhalten seine Gründe hat, die häufig bis auf frühkindliche Erfahrungen oder auf Vererbung zurückgehen, also auf Einflüsse, für die der Einzelne nichts kann. Das ist auch gemeint, wenn Mark Aurel an anderer Stelle den provokanten Satz ausspricht, dass alles, was geschieht, »gerechterweise« geschieht.[87] Nichts geschieht grundlos. Jede menschliche Handlung hat ihre Vorgeschichte. Diese gilt es zu verstehen. Gelingt uns das und kommen wir an ihre verborgenen Wurzeln, dann können wir uns vielleicht vorstellen, dass wir unter ähnlichen Umständen auch ähnlich handeln würden. Was der römische Komödiendichter Terenz in die berühmten Worte »Nichts Menschliches ist mir fremd!«[88] gefasst hat, das ist eine Grundeinstellung weiser Lebensführung.

Wenn wir diese Einstellung zu unserer generellen Haltung machen, wenn wir also unsere Mitmenschen »in uns wiederfinden«, so bauen wir negative Emotionen gegen sie ab. Wenn wir uns ehrlich eingestehen, dass wir im Grunde nicht viel anders sind, werden wir milder und »vergessen den Zorn«. Im Laufe der Zeit verschwinden mit dem Zorn auch andere negative Gefühle gegen unsere Mitmenschen, wie Hass und Verärgerung. »Wenn wir wirklich Philosophen sind«, sagte ein Weiser der Antike, »dann können wir unsere Mitmenschen nicht hassen.«[89]

Zitiert man sich obendrein immer wieder Platons Wort: »Bin ich womöglich auch so?«, wodurch man die Reflexion von außen nach innen kehrt und die Vorwürfe durch Behutsamkeit balanciert, dann wird man nicht viel Hass gegen andere aufbieten, wo man doch sieht, wie viel Nachsicht man selbst braucht.[90] (Plutarch)

»Der Weise kennt keinen Streit«[91], meinte Konfuzius. Mitgefühl und Mitmenschlichkeit entstehen von allein, je besser wir uns selbst kennenlernen.[92] Die Beurteilung des Anderen wird »objektiver« und nicht mehr durch ungeklärte negative Empfindungen beeinträchtigt: »Verstehen führt zur Unparteilichkeit«[93], sagte Laotse. Das erleichtert es, ein Einvernehmen herzustellen, denn der Andere spürt, sei es auch nur unbewusst, ob wir negative Gefühle gegen ihn hegen oder ob wir wirkliches Verständnis für ihn haben. Je mehr unser Gegenüber sich verstanden fühlt, umso eher wird er sich öffnen und auch bereit sein, auf uns einzugehen.[94] Wir gewinnen Einfluss auf ihn.

Es kann sogar sein, meinten die Alten, dass wir am Ende eine gewisse Sympathie für jemanden empfinden, den wir ursprünglich abgelehnt haben oder der negative Empfindungen in uns hervorgerufen hat. Wir sehen in ihm einen Menschen, wie wir selbst einer sind, mit Stärken und Schwächen. Aus Empathie (Mitgefühl) wird Sympathie. Dies war die Geburtsstunde der Humanität, übrigens keineswegs eine Erfindung des Westens. Die Mitmenschlichkeit war bei Konfuzius eine zentrale, wenn nicht die wichtigste Kategorie seiner Weisheitslehre. Zu seinen Lebzeiten, also im 6. bis 5. Jh. v. Chr., war der Begriff der Humanität in der abendländischen Kultur noch gar nicht aufgekommen.[95] Der Weise »sieht in der ganzen Welt seine Familie und im ganzen Reich der Mitte (China, Welt) seine eigene Person. Dazu genügt nicht die bloße Absicht; er muss die Gefühle der Menschen verstehen ...«[96]

Aber sind diese antiken Einsichten über die Mitmenschlichkeit nicht zu idealistisch für den harten Konkurrenzkampf, der sich in unserer Gesellschaft so erschreckend breitgemacht hat? Ist nicht das Gegenteil von Mitgefühl, nämlich kühle Härte und Rücksichtslosigkeit, der Garant für den »Erfolg« und die Durchsetzung der eigenen Vorstellungen? Das antike Weisheitsdenken hat dieses Problem auch damals schon gekannt und bedacht, kam aber zu einem anderen Ergebnis. Zunächst warnte es davor, Reichtum, Macht und Ansehen, also beruflichen oder äußeren Erfolg, mit einem gelungenen Leben gleichzusetzen. Das seien nur Mittel zum Zweck. Der Zweck aber bestehe darin, dass wir uns in unserem Leben wohl fühlen. Das sei keineswegs die Folge von äußerem »Erfolg«, sondern eher die Ausnahme, folgt man Epikur und zahlreichen anderen Denkern der Antike in West und Ost:

Viele gerieten zu Reichtum und haben damit nicht eine Befreiung von den Übeln gewonnen, sondern vielmehr eine Umwandlung in noch größere.[97]

Weisheitsdenken ist zudem stets auf Nachhaltigkeit ausgerichtet, ja ist Nachhaltigkeitsdenken schlechthin: »Siehe auf das Ende«[98] (Solon). Oder: »Überlege sorglich das Ende gleich zu Beginn«[99] (China). Die Nachhaltigkeit war das maßgebliche Kriterium bei der Beurteilung jeder Handlung. So war die Antike überwiegend der Meinung, dass Mitmenschlichkeit und Mitgefühl in allen Bereichen, also auch im Beruf, auf Dauer gesehen den größeren »Erfolg« versprechen als rücksichtsloser Egoismus. Dabei sollte Mitmenschlichkeit nicht verwechselt werden mit mangelnder Konsequenz und Beharrlichkeit in der Sache. Das eine hat mit dem anderen nichts zu tun. Sachentscheidungen sind von der Art, wie wir miteinander umgehen, zu unterscheiden. »Verstehen« ist in diesem Zusammenhang nicht mit »akzeptieren« oder »gutheißen«

zu verwechseln. In einem Konflikt gilt es, die beste Sachentscheidung zu treffen. Bei der Ermittlung der Entscheidungsgrundlagen aber, bei Gesprächen und Verhandlungen sowie bei der Durchsetzung einer Entscheidung sollten wir stets bemüht sein, die Betroffenen zu verstehen und, soweit es die Sache erlaubt, auf ihre Interessen einzugehen. Modern gesprochen: Wir sollten auf eine »Win-win-Situation« hinarbeiten.

Das galt besonders im chinesischen Weisheitsdenken, das sich intensiv mit der Lösung gesellschaftspolitischer Konflikte beschäftigte. Demnach lässt sich am besten Einfluss auf Menschen gewinnen, wenn wir uns in ihr Denken und Fühlen versetzen und innerlich Anteil an ihnen nehmen.[100] Demgegenüber sind »die Harten und Starken Gesellen des Todes«[101]. Nur Verständnis und geschmeidige Anpassungsfähigkeit, nur das »Weibliche« und »Weiche« wird auf Dauer Erfolg haben. »Das Weibliche siegt immer«, sagte Laotse.[102] Dieser Ausspruch sollte genauso wenig wörtlich genommen werden wie Stellen, wo von »dem Weisen« in der männlichen Form die Rede ist. Weisheit ist geschlechtsneutral. Laotse wollte sagen, dass nur ein sensibler und flexibler Mensch sich dem ständigen Wandel der Verhältnisse und den Bedürfnissen der anderen Menschen anpassen kann und dadurch ans Ziel kommt.

Was bedeutet das für unser praktisches Leben? Nichts oder doch nur wenig, solange wir es bei der Einsicht belassen. Weisheit umfasst neben dem theoretischen Wissen vor allem die praktische Umsetzung dieses Wissens im täglichen Leben. Ohne eine solche Umsetzung ist das Wissen bedeutungslos. »Lieber etwas nicht wissen wollen, als das, was man weiß, nicht tun«, meinte Konfuzius.[103]

»Worin besteht der Gebrauch der Weisheit?«, fragte Seneca. »In dem Weisesein. Das ist das Wertvollste an ihr ... Weisesein ist der Gebrauch der Seelenbildung ...«[104]
Die Bedeutung der griechischen Worte für »Weisheit« (sophia) und »weise« (sophos) hat von Anfang an die theoretische Kenntnis mit ihrer praktischen Anwendung verbunden. Weisheit ist ein Können, ein Sich-Verstehen auf etwas, nämlich auf das Leben. Das griechische Wort »sophos« wurde ursprünglich gebraucht für Handwerker, Schiffsbaumeister, Steuerleute, aber auch für Künstler und Dichter. Das Gemeinsame an ihren Tätigkeiten ist, dass sie sich auf eine Technik und ihre Anwendung verstehen.[105] Erst später wurde das Wort übertragen auf die Fähigkeit der klugen und besonnenen Lebensführung. Den praktischen Bezug hat das Wort »Weisheit« in der Antike aber nie verloren. Das gilt auch für die »Liebe zur Weisheit«, die »Philo-sophie«. »Die Philosophie lehrt handeln, nicht reden«[106], meinte Seneca. Nach Aristoteles ist Philosophie die »Aneignung und Anwendung von Weisheit«[107]. Für ihn war die »Theorie« kein Gegensatz zu den alltäglichen Formen des praktischen Wissens, sondern ging aus diesem hervor und war in ihm verankert.[108]
Wenn wir den Ausführungen dieses Kapitels zustimmen und uns morgen gleichwohl wieder über die Ignoranz, Dreistigkeit oder Rücksichtslosigkeit der Anderen aufregen, so zeigen wir dadurch, dass unser Wissen noch nicht umgeschlagen ist in Lebenspraxis. Im Sinne der Alten haben wir erst dann etwas »gelernt«, wenn es uns gelingt, mit dem erworbenen Wissen die negativen Gefühle und Aggressionen, die ein rücksichtsloses Verhalten unwillkürlich in uns erregt, schnell abzubauen, oder wenn wir eine innere Haltung gewonnen haben, bei der solche Ge-

fühle erst gar nicht aufkommen. Dazu bedarf es einer Verinnerlichung der gewonnenen Einsichten und eines praktischen Einübens im Lebensalltag.

PERLEN DER WEISHEIT

Wer sich selbst kennt, klagt nicht mehr über seine Mitmenschen. Wer die Gesetze der Natur kennt, klagt nicht mehr über die Natur.
Denn wer über seine Mitmenschen klagt, hat selbst beklagenswert versagt, und wer über die Natur klagt, zeigt damit lediglich, dass er nicht den Willen besitzt, sie zu meistern.[109]
Xunzi

MERKSATZ

Durch die Anderen lässt sich
der Weise nicht aus der Ruhe bringen.
Er kennt keinen Streit.

SCHICKSAL

*Sei ein Seemann: Versuche nicht,
Wind und Wetter zu ändern,
sondern richte dein Segel!*[110]
Teles

Wenn wir uns regelmäßig Zeit für uns nehmen und uns besser kennenlernen, so verstehen wir auch unsere Mitmenschen besser und lernen, harmonisch mit ihnen umzugehen. Bei Konflikten wird es uns eher gelingen, gelassen zu bleiben, uns nicht aufzuregen und das Beste daraus zu machen.

Nun helfen manchmal das tiefste Verständnis, die größte Geschmeidigkeit und die zäheste Beharrlichkeit nicht, ein zwischenmenschliches Problem zu lösen. Ebenso kommt es vor, dass Dinge passieren, die wir nicht vorhergesehen haben, dass »alles schiefläuft«, dass ein Unglück geschieht, für das niemand etwas kann. Wir verlieren unseren Job, ein Projekt scheitert, an dem wir lange gearbeitet haben, ein geplanter Urlaub platzt, unser Auto geht kaputt, die Aktien brechen ein. Was helfen uns da unsere Selbsterkenntnis und ein besseres Verständnis für die anderen? Die angeführten Beispiele sind nicht einmal die schlimmsten Ereignisse, die einem zustoßen können. Was ist, wenn eine enge Freundschaft endet, unser Lebenspartner sich in jemand anderen verliebt oder ein naher Angehöriger stirbt? Von heute auf morgen kann sich alles ändern. Schauen wir genauer hin und nehmen die kleinen Missgeschicke und Beeinträchtigungen hinzu, so sind solche Ereignisse nicht etwa selten, sondern Alltag. Erleben wir nicht täglich eine kleine Enttäuschung, eine Zurücksetzung, einen Fehlschlag, irgendeine Art von Verlust?

Weil das früher nicht anders war als heute, hat sich die antike Weisheitslehre sehr intensiv mit diesen Wechseln des Schicksals befasst. Sie sah, dass es sich hier um ein zentrales Problem der Lebensbewältigung und des menschlichen Glücks handelt. Woraus sich die Frage ergab, welche Strategie vor den Auswirkungen solcher Schicksalsschläge auf unser Wohlbefinden schützen könne. Die Einsichten, zu denen die antike Weisheitslehre gelangt ist, sind auch heute noch nützlich. Sie können uns helfen, Krisen, Niederlagen und Schicksalsschläge zu bewältigen. Sie können uns sogar jene Fähigkeit lehren, die Konfuzius einmal so umschrieb: »Der Weise vermag Unglück in Glück zu verwandeln.«[111] Vielleicht ist diese Fähigkeit die charakteristischste Eigenschaft eines weisen Menschen. Und vielleicht liegt darin die letzte und höchste Weisheit, deren der Mensch fähig ist: zum Herrn, zum Gestalter, ja zum Zauberer des eigenen Geschicks zu werden. Wenn wir gelernt haben, mit den Missgeschicken des Lebens umzugehen, so haben wir Frieden geschlossen mit der Welt, wie sie ist, mit dem Schicksal, den anderen und vor allem mit uns selbst. Wir haben uns die Welt anverwandelt. Das griechische Wort »sophos« bedeutet nicht nur »weise«, »verständig« und »klug«, sondern vor allem auch »geschickt«. Weise ist derjenige, der »geschickt« mit seinem Schicksal umzugehen versteht.

Am Anfang der Überlegungen der Alten stand auch

hier das Erkennen: »Die Einsicht ist das größte Gut und noch kostbarer als die Philosophie«, sagte Epikur.[112] Mithilfe der Einsicht wollte er den »Zufall überrumpeln und ihm alle seine heimlichen Schleichwege verrammeln«[113], d. h. sein Inneres vor Schicksalsschlägen schützen und bewahren. Das antike Weisheitsdenken legt uns nahe, erst einmal zu begreifen, dass das Schicksal sehr schwankend ist. Wer glaubt, in seinem Leben ungeschoren davonzukommen, leidet unter Realitätsverlust. Keiner bleibt von schweren Schicksalsschlägen verschont. Für Sokrates sind Glück und Unglück an einer Speerspitze zusammengebunden.[114] Wir können das eine nicht ohne das andere erlangen. Die Chinesen schauten es den Gesetzen von Himmel und Erde ab: Nichts sei so natürlich und unausweichlich wie der Wechsel. Das gilt auch für die menschlichen Dinge: »Glück und Unglück erzeugen einander«, sagten sie.[115] Wenn wir darum wirklich wissen, dann haben wir bereits einen ersten Schritt zur Bewältigung dieser Schicksalsschläge getan, was immer sie für uns bereithalten mögen.

Zur Einsicht in den Wandel des Erfolgs erzählt uns der griechische Geschichtsschreiber Herodot eine lehrreiche Episode, die später häufig wiedererzählt wurde. Nachdem der Lyderkönig Kroisos dem Solon, einem der »Sieben Weisen«, seinen unermesslichen Reichtum gezeigt hatte (»reich wie Krösus«), fragte er ihn, ob er ihn, Kroisos, nicht für einen glücklichen Menschen halten müsse. Darauf antwortete Solon:

O König der Lyder! Uns Griechen hat Gott alles (nur) in einem mäßigen Grade verliehen, und so ist denn auch die Weisheit, die uns zuteil geworden, nur eine mittel-

mäßige und bürgerliche, wie es scheint, keine königliche und leuchtende. Diese (Weisheit) sieht, dass das menschliche Leben immer allerlei Zufällen unterworfen ist, und erlaubt uns nicht, auf die gegenwärtigen Güter stolz zu sein, noch das Glück eines Mannes, das sich mit der Zeit verändern kann, zu bewundern. Denn über jedem schwebt die Zukunft schillernd und unbeherrschbar, und nur wem die Gottheit das Wohlergehen bis zum Ende gewährt, den halten wir für glücklich. Einen, der noch lebt und den Gefahren des Lebens noch unterworfen ist, glücklich preisen ist ein ebenso gewagtes und unsicheres Tun wie einen noch im Kampf Begriffenen als Sieger ausrufen. Vor seinem Ende aber darf man niemanden glücklich nennen, sondern höchstens mit seinem Schicksal zufrieden. Dass bei einem Menschen aber alles das, was zur Glückseligkeit gehört, zusammentrifft, ist unmöglich ... Derjenige Mensch aber, der das meiste von dem, was er bedarf, besitzt und in diesem Besitz lebt und frohen Herzens stirbt, der verdiente meiner Meinung nach den Namen eines Glücklichen, o König. Überall muss man auf das Ende und den Ausgang sehen. Gar manchem winkte die Glückseligkeit, und doch hat ihn dann die Gottheit ins tiefste Elend gestürzt.[116]

Die Stelle wurde hier im Zusammenhang wiedergegeben, weil in ihr verschiedene antike Weisheiten anklingen, die in diesem Buch behandelt werden. Neben dem Wechsel des Glücks ist auch von der Hybris, der Begrenztheit menschlichen Wissens und vom Maßhalten die Rede. Wenn wir das spätere Ende dieser Geschichte hinzunehmen, so haben wir darüber hinaus noch ein Beispiel für die Bedeutung der Mitmenschlichkeit. Denn tatsächlich wurde Kroisos später besiegt und von seinem Bezwinger Kyros II. dem Scheiterhaufen übergeben. Die Flammen loderten bereits, als Kroisos laut rief: »Solon, Solon, Solon!« Vielleicht hatte er erst in diesem Moment begriffen, was Solon ihm sagen wollte. Kyros hörte dies und wollte wissen, warum er nach Solon rief. Nachdem er ihn vom Scheiterhaufen herunterholen ließ, erzählte Kroisos ihm von seinem Gespräch mit Solon. Wie uns der antike Geschichtsschreiber berichtet, bereute daraufhin Kyros »seinen Entschluss, dass er, der doch auch nur ein Mensch war, einen anderen, nicht minder mit Glücksgütern gesegneten Menschen lebendig dem Feuer überliefern wollte. Auch fürchtete er die Vergeltung und sagte sich, dass es im menschlichen Leben nichts Beständiges gebe. Er befahl daher, das flammende Feuer schleunigst zu löschen …«[117]. Er soll diese menschliche Tat nicht bereut haben, denn Kroisos wurde ihm ein wertvoller Berater. »Solon hatte also den Ruhm, durch diese einzige Lehre einen König vom Tode gerettet und einen anderen weise gemacht zu haben.«[118] (Plutarch)

Die Lehre dieser Geschichte, soweit sie uns in diesem Abschnitt interessiert, ist zunächst, dass wir auf den Wechsel unseres Geschicks mental vorbereitet sein sollen. Dies scheint eine Selbstverständlichkeit zu sein. Und dennoch müssen wir uns fragen, wer diese Einsicht verinnerlicht hat und sie auch lebt. Schauen wir uns die Menschen an (uns selbst eingeschlossen), die gerade einen Misserfolg, eine Demütigung, einen Verlust erlitten haben oder von einem Schicksalsschlag getroffen wurden, so können wir an ihrer Fassungslosigkeit und Aufgelöstheit sehen, wie wenig sie im Grunde darauf vorbereitet waren, wie wenig wirksam ihr »Wissen« vom Wandel des Glücks war. Das

»Wissen« haben wir zwar irgendwo in unserem Gehirn abgespeichert. Aber wenn der Fall eintritt, scheint dieses Wissen nicht automatisch abgerufen zu werden, nicht »aufzupoppen«. Hier zeigt sich dasselbe Phänomen wie bei den anderen Weisheiten. Wir meinen, sie zu kennen, aber wenn wir sie anwenden sollten, scheinen wir sie häufig vergessen zu haben. »Die Menschen sagen alle: ›Ich weiß.‹ Aber wenn sie Maß und Mitte erwählt haben, so können sie nicht einen Monat lang daran festhalten.«[119] (Buch der Riten, Sitten und Gebräuche)

Die moderne Neurobiologie hat für dieses verbreitete Phänomen, das für die Anwendung überlieferter Weisheit von zentraler Bedeutung ist, Erklärungen gefunden. Unser Gehirn setzt bei der Wahrnehmung von Ereignissen, die unsere Interessen, Ziele, Vorstellungen oder Beziehungen negativ beeinträchtigen, bestimmte chemisch-biologische Abläufe in Gang, die dazu führen, dass wir traurig, enttäuscht, verärgert, zornig oder aggressiv sind. Bei diesen Abläufen ist, bildlich gesprochen, das »Wissen« noch nicht angekommen. Unser Gehirn aber, das diese Prozesse steuert, ist imstande, seine Substanz zu verändern und dazuzulernen.

Dafür reicht jedoch kein oberflächliches Wissen. Wenn wir unser Wissen über den natürlichen Wechsel von Glück und Unglück hingegen nicht nur abspeichern, sondern aktiv und kontinuierlich trainieren, dann gewinnt dieses Wissen tatsächlich Einfluss auf die Abläufe in unserem Gehirn, die unsere Emotionen und Reaktionen auf »Schicksalsschläge« steuern. Es liegt also an uns, ob ein erworbenes Wissen auf die Schaltzentralen unserer Gefühle tatsächlich einwirkt oder nicht. Das »Training« besteht darin, dass wir dieses Wissen abstrakt oder bei konkreten Anlässen regelmäßig wiederholen und auf diese Weise in uns wach und lebendig halten.

Wir regen uns häufig darüber auf, dass irgendetwas nicht so läuft, wie wir es gerne hätten. Wenn wir jeden einzelnen Fall zum Anlass nehmen, kurz zu rekapitulieren, was wir über den Umgang mit dem Schicksal gelernt haben, und wenn wir dieses Wissen unseren spontanen Gefühlsreaktionen entgegenhalten, dann werden wir durch diese Übung die Disposition unseres Gehirns zu bestimmten Reaktionen verändern. Wird die Übung zu einer festen Gewohnheit, werden sich die negativen Gefühle abschwächen, bis sie nur noch momenthaft aufflackern. Wir werden duldsamer und gelassener. So kommt es immer wieder vor, dass uns jemand grob oder ungerecht behandelt. Wenn wir uns aber jedes Mal bewusst machen, dass der andere so handelt, weil er seelisch unausgeglichen ist oder Probleme hat – und wenn wir uns vornehmen, uns von den Problemen der anderen nicht ärgern zu lassen –, dann werden wir uns eines Tages tatsächlich nicht mehr ärgern. Weises Verhalten kann demnach gelernt werden. Die angestrebte Seelenruhe ist erreichbar! Wir schaffen uns unser Glück selbst, meinte Seneca.[120] Dies war eine Grundüberzeugung antiken Weisheitsdenkens in West und Ost.

Um diese Erkenntnis zu verinnerlichen, empfahlen die Alten folgende Übung: Wir sollten den Wechsel unseres Glücks gedanklich vorwegnehmen, damit er uns nicht mehr überraschen kann. Denn das Schmerzlichste an einem Schicksalsschlag ist häufig, dass er uns unvorbereitet trifft. »Worauf man lange gefasst ist«, sagte Seneca, »das verliert an Schärfe, wenn es eintritt.«[121] Diese Vorbereitung auf den Wechsel des Glücks betraf nicht nur den politischen oder beruflichen Erfolg, sondern alle Bereiche des persönlichen Lebens. Schlechthin ist alles, was wir besitzen und erreicht haben, wie Vermögen, sozialer Status, Macht, aber auch der Lebenspartner, Kinder, Freunde usw., »nur geliehen« und kann uns jederzeit wieder genommen werden. Diese Möglichkeit des Verlustes sollten wir uns regelmäßig vergegenwärtigen. Der chinesische Philosoph Menzius drückte das einmal so aus: »Ein entschlossener (weiser) Mensch vergisst nie, dass er eines Tages in einem Graben oder Tümpel enden kann.«[122]

Pythagoras empfahl eine weitere Übung: Wenn angesichts eines äußeren Ereignisses ein negatives Gefühl in uns aufkommt, dann sollten wir uns jeder spontanen Reaktion enthalten, uns zurückziehen und warten, bis das Gefühl verflogen ist oder sich beruhigt hat. Erst dann sollen wir auf das Ereignis reagieren. So sollten wir uns vor allem nicht durch Zorn zu spontanen Handlungen verleiten lassen.

Wir würden das antike Denken über den Wechsel des Schicksals und die Vergänglichkeit allerdings gründlich missverstehen, wenn wir es zum Anlass nähmen, nun in einen dauernden, ängstlichen Pessimismus zu verfallen. Man soll nichts übertreiben, auch solche Übungen nicht (»Nichts zu sehr!«). Es geht vielmehr darum, die innere Haltung so zu verändern, dass wir in schweren Zeiten über die notwendige Kraft und den Optimismus verfügen, unser Schiff auf Kurs zu halten und die langfristigen Ziele nicht aus den Augen zu verlieren.

Was wir uns erarbeiten sollen, ist Gelassenheit, »Seelenruhe« nannten es die Alten, eine der charakteristischen Eigenschaften von Weisheit und eines ihrer wichtigsten Ziele. Neben dem Abfedern von Erschütterungen und der Wahrung der eigenen Mitte geht es bei der Gelassenheit insbesondere darum, Ängste abzubauen. Angst blockiert und raubt kostbare Energie, wo sie nicht eine nützliche Warnung vor realen Gefahren darstellt. Sie nimmt uns die Kraft und Souveränität, Herausforderungen zu begegnen und angemessen zu reagieren. Durch die innere Vorbereitung auf den Wechsel des äußeren Glücks reduzieren wir zugleich übertriebene Hoffnungen und schwächen Befürchtungen ab. Wir lernen, dass auch die zukünftigen Ereignisse, seien sie gut oder schlecht, nur von vorübergehender Dauer sein werden. Die Alten nannten dieses mentale Training »praemeditatio«, eine vorausschauende Vorwegnahme zukünftiger Entwicklungen mit dem Ziel, »auf alles gefasst zu sein«.

Nun hilft das Gesagte nicht, dem Verlust, Misserfolg oder Scheitern aus dem Weg zu gehen – oder es ungeschehen zu machen. Auch werden sich emotionale Niedergeschlagenheit und trübe Stimmungen durch ein solches Training nicht völlig vermeiden lassen. Zwar kannten die alten Chinesen neben dem »Weisen« noch den »Heiligen«, die Inder den »Erleuchteten« oder »Vollendeten«, die gleichsam über dem Unglück stehen. Dahin gelangt jedoch nur derjenige, der den weltlichen Dingen vollständig entsagt. Der Weise dagegen bleibt Mensch und als solcher Erbe menschlicher Schwächen. Er ist nicht kalt und frei von Trauer, nicht »hart wie Stein, vom Geschlecht der Eichen, der Felsen«[123]. Ihm kann es im Leben nur darum gehen, den bestmöglichen Umgang mit Verlust und Misserfolg zu finden. Er soll in jeder Lage seine Persönlichkeit, seine Mitte und seine Gelassenheit bewahren können, insbesondere im Unglück. Als man im alten Athen dem berühmten Philosophen Anaxagoras mitteilte, dass sein Sohn in einer Schlacht gefallen war, nahm er die Nachricht ausdruckslos entgegen. Auf die Frage, warum er keine Reaktion zeige, antwortete er: »Ich wusste, dass mein Sohn sterblich ist!«[124] Wir mögen kein Verständnis für so viel scheinbare Kälte haben. Auch halten wir es durchaus für etwas Natürliches und Hilfreiches, Trauer zu empfinden und zu zeigen. Aber das wussten auch die Alten. Wenn sie uns gleichwohl diese Anekdote überlieferten, dann wegen der Wahrheit, die gerade in dieser knappen, extremen Zuspitzung einer Begebenheit besonders deutlich zum Ausdruck kommt: Anaxagoras hatte das Wissen um den jederzeit möglichen jähen Wechsel des Glücks derart verinnerlicht, dass er selbst in einer Extremsituation seine Mitte nicht verlor. Wir können davon ausgehen, dass auch Anaxagoras traurig und erschüttert war. Aber er war durchdrungen vom Wissen um die Vergänglichkeit der menschlichen Existenz, und das half ihm, das Unglück zu ertragen.

Immer wieder hat die antike Lebensweisheit darauf hingewiesen, dass zu einem glücklichen Leben die Fähigkeit gehört, dulden oder auch verzichten zu können: »Ein großes Unglück ist es, das Unglück nicht ertragen zu können.«[125] Sokrates hat häufig eine Stelle aus Homer zitiert, dem Weisheitsbuch der alten Griechen, in der sich Odysseus anlässlich einer erlittenen schweren Demütigung an die Brust schlägt mit den Worten: »Dulde, o Herz! Du hast noch härtere Kränkung erduldet...«[126] Es ist vielleicht kein Zufall, dass Homer dem Odysseus, diesem ersten, durchaus ambivalenten Ideal eines weisen Helden, vor allem zwei Prädikate zuschrieb: Er war »verständig« (weise), und er war ein großer »Dulder«.

Abschließend kommen wir zu der hohen Schule der

Schicksalsbewältigung, einem Kulminationspunkt antiker Weisheitslehre. Die Rede ist von der bereits erwähnten Fähigkeit des Weisen, »Unglück in Glück« zu verwandeln, oder wie es bei dem griechischen Philosophen Diogenes von Sinope heißt: »Es ist durchaus möglich, ein widriges Schicksal umzudrehen.«[127] Gemeint ist die Fähigkeit, in jedem Misserfolg und in jedem Schicksalsschlag etwas Positives zu finden, sich auf dieses Positive zu konzentrieren und es zum Anlass zu nehmen, dazuzulernen und seine Ziele mit noch mehr »Geschick« und Lebenserfahrung weiterzuverfolgen. Gelingt uns dies, so verwandelt sich ein zunächst negatives Erlebnis in etwas Nützliches. »Heil und Unheil äußern sich gleichzeitig«, heißt es bei den alten Chinesen.[128] Entscheidend ist hier die Fähigkeit, das »Heil« neben dem »Unheil« zu erkennen und den eigenen Fokus darauf zu lenken. Es geht darum, die Perspektive zu wechseln. Beruht der Misserfolg beispielsweise darauf, dass wir eines unserer Ziele nicht erreichen, so wird es immer noch andere oder übergeordnete Ziele geben, die mit dem einzelnen Misserfolg keineswegs verloren sind. Solange wir leben, ist das Spiel noch nicht aus, sind alle unsere Ziele nur Etappenziele. Wir erinnern uns an die Mahnung Solons: »Siehe auf das Ende!«[129] Es gibt keine Niederlage, aus der wir nicht etwas lernen oder aus der wir nicht um eine Erfahrung reicher wieder hervorgehen können. Niemand weiß schließlich, was sich aus dem, was wir als Glück oder Unglück erleben, noch alles entwickeln wird: »Man weiß nie«, sagte Sokrates einmal, »ob einer, der eine schöne Frau heiratet, durch sie mehr Freude oder mehr Leid haben wird.«[130]

Von dem griechischen Philosophen Zenon wird erzählt, dass er vormals ein reicher Kaufmann war, dann aber bei einem Schiffbruch sein ganzes Vermögen verlor. Im Zuge dieses Unglücks fiel ihm ein Buch über Sokrates in die Hand. Er las es, wurde Philosoph und begründete eine der einflussreichsten philosophischen Schulen der Antike. Er soll später gesagt haben, wie glücklich doch jene Schiffsfahrt war, die ihn zwar seines ganzen Vermögens beraubt, ihn aber zur Philosophie und damit zu seinem wahren Glück geführt habe. So hatte sich seine Schule, die Stoa, vor allem auf die Fahnen geschrieben, die Fähigkeit zur Gelassenheit in allen Lebenslagen zu erlangen.[131]

Es soll nicht verschwiegen werden, dass es eine der schwierigsten Übungen im Leben ist, bei allen Situationen die Ruhe zu bewahren. Aber wir alle können diese souveräne Gelassenheit erlernen oder uns ihr zumindest annähern. Es ist nichts, das der eine hat und der andere nicht hat. Wir alle haben ein gewisses Maß an Gelassenheit in uns, ohne die wir gar nicht leben könnten; allerdings hat der eine mehr, der andere weniger. Antike Lebensweisheit kann dabei helfen, uns mehr davon anzutrainieren.

Leider gibt es auch Unglücksfälle, in denen es unmöglich erscheint, noch etwas Positives zu erkennen. Aber auch hier gibt es noch Handlungsalternativen: Denn entweder geben wir uns dem Unglück ganz hin und lassen uns von ihm gefangen nehmen, oder wir arbeiten daran, eine andere Perspektive auf das Unglück zu gewinnen und uns die positive Einstellung zum Leben nicht nehmen zu lassen. Manchmal ist es der einzige Ausweg, das Unglück zu ertragen. Berühmt ist der Brief des hellenistischen Philosophen Plutarch an seine Frau, mit dem er sie (und sich selbst) über den frühen Tod der Lieblingstochter zu trösten versucht. Nachdem er mit den zärtlichsten Worten das bezaubernde Wesen dieser Tochter beschrieben hat, mahnt er seine Frau, weniger daran zu denken, was sie verloren haben, als daran, welch ein Glück sie hatten, für einige Jahre mit diesem Kind leben zu dürfen.[132] In der Antike entstand eine ganze Literatur solcher Trostschriften. Auch das hat etwas mit Weisheit zu tun.

Extremsituationen wie die geschilderte sind es aber nicht, in denen sich Weisheit in erster Linie zu bewähren hat, sondern es sind der Alltag und die vielen kleinen Dinge des täglichen Lebens. Wenn wir lernen, mit diesen weiser umzugehen, dann werden wir auch zunehmend gelassener, innerlich ruhiger und glücklicher.

PERLEN DER WEISHEIT

Sehr geehrter Herr! Es gibt ein altes Orakel, kurz und bündig und in allen Umständen gerecht. Es lautet: Versuche nicht, dem Unvermeidlichen zu entrinnen. Denn wer dem Unentrinnbaren zu entrinnen versucht, muss ja unglücklich sein, und wer das Unerreichbare begehrt, der kann es nie erlangen. Vielleicht komme ich dir etwas altmodisch und pedantisch vor, und ich will mich auch gar nicht verteidigen. Gut, wenn du willst, kannst du mich abschätzig beurteilen, aber höre auf die Alten! Denn ich habe aus eigener Erfahrung gelernt, dass wir Menschen uns (gerade dann) quälen, wenn wir ein problemloses Leben führen möchten. Aber das gehört zum Unmöglichen. Denn wir müssen notwendig mit dem Körper leben, notwendig auch mit Menschen leben, und die meisten Probleme entstehen aus der Un-

vernunft derjenigen, mit denen wir zusammen leben, und aus dem Körper. Wenn also einer im Einklang mit diesen Grundsätzen lebt, dann ist er ohne Kummer und Furcht, der Glückliche!... Wenn dir aber der Lebensstil eines Sokrates, eines Diogenes zusagt, dann überlass tragische Schicksale anderen und folge dem Vorbild jener Männer.[133]

Aus einem Brief des Krates

MERKSATZ

Der Weise kennt den Wechsel des Glücks
und ist auf Erfolg wie Misserfolg
gleichermaßen vorbereitet.
Er versteht es, auch Misserfolge zu nutzen.

VERÄNDERUNG

*Wie dieses Wasser fließt,
so fließt alles dahin.*[134]
Konfuzius

In dem vorangegangenen Kapitel haben wir gehört, wie wir uns durch eine entsprechende innere Einstellung auf den Wechsel des äußeren Glücks vorbereiten können, damit wir bei seinem Eintreten die innere Ruhe und Gelassenheit nicht verlieren. Glück und Unglück haben wir dabei nicht als Seelenzustand aufgefasst, sondern in der zweiten Bedeutung, in der diese Wörter gebraucht werden, nämlich als ein plötzliches äußeres Ereignis, als Geschick oder Schicksal. Vieles in unserem Leben ändert sich aber nicht plötzlich, sondern langsam und ganz allmählich. Zu denken ist beispielsweise an Entfremdungen von Vorgesetzten, Arbeitskollegen, Familienangehörigen, Freunden oder umgekehrt an entsprechende Annäherungen, ferner an die Veränderung der eigenen Interessen, Vorlieben, Hoffnungen und Befürchtungen. Alle diese Gefühle und Erwartungen, Zustände und Verhältnisse verändern sich. Diesem allmählichen Wandel kommt eine große Bedeutung für unser Leben und unser Wohlbefinden zu. Wie aber gehen wir damit um?

Die Antike hat sich mit dem Thema der Veränderung und der Vergänglichkeit sehr intensiv befasst. Schon mit dem »Erkenne dich selbst!«, das in der Eingangshalle zum Apollon-Heiligtum eingraviert war, hatte sie die damit verbundene Problematik in aller Deutlichkeit angesprochen.

Diese Mahnung, die fundamental war für das Weisheitsdenken der Griechen, bedeutete ursprünglich eine Aufforderung des Gottes an denjenigen, der sein Heiligtum betreten wollte. Der Eintretende sollte nicht vergessen, dass er ein Mensch war, was für die alten Griechen insbesondere hieß, dass er ein »Sterblicher« war.[135] Er sollte sich stets seiner Endlichkeit bewusst sein. Damit meinten sie nicht nur, dass niemand vergessen sollte, dass ein jeder irgendwann sterben muss. Sie sahen in der Vergänglichkeit vielmehr ein allgemeines Prinzip, dem alle Dinge unterworfen sind. Alles ist vergänglich: »Vergängliches kommt vergänglichen Wesen zu«[136], dichtete Pindar, einer ihrer bedeutendsten Dichter.

War das »Erkenne dich selbst!« die Begrüßung und zugleich Mahnung des Gottes, so sollte der Eintretende mit dem ebenfalls am Tempel eingravierten »Du bist!« antworten. Damit war gemeint, der Mensch möge anerkennen, dass allein dem Gott unveränderliches, ewiges Sein zukommt. Alle Dinge auf Erden aber unterliegen dem ständigen Wandel: »Alles fließt«, meinte der Philosoph Heraklit, »wir steigen in denselben Fluss und doch nicht in denselben; wir sind und sind nicht«[137], weil wir ständig in Veränderung begriffen sind. Diese Einsicht war eine Grundüberzeugung antiker Weisheitslehre in Ost und West.

Wir lassen hier alle Metaphysik und Religion beiseite und sehen davon ab, dass viele der alten Denker durchaus der Überzeugung waren, dass es in all dem Wandel etwas Bleibendes gibt. Denn sie zogen im Grundsatz nicht in

Zweifel, dass die menschlichen Dinge, so wie sie uns erscheinen und wie wir sie erleben, ständig im Wandel begriffen sind. Diese grundlegende Erkenntnis ist für unsere Lebensführung von großer Bedeutung.

Das älteste und für viele bedeutendste Weisheitsbuch der Chinesen heißt bezeichnenderweise »Buch der Wandlungen«, vielen besser bekannt als »I Ging« oder »Yijing«. Es ist ein Kompendium von Verhaltensregeln und Anleitungen für alle denkbaren Lebenssituationen, die nur Momente in einem lebendigen, stets sich wandelnden Prozess sind. Es komme entscheidend darauf an, so der Kerngedanke dieses Buches, den kommenden Wandel der Verhältnisse bereits in der Entstehung zu erkennen und der absehbaren Entwicklung in diesem Stadium einen entscheidenden Impuls zu geben, um das Geschehen zu beeinflussen.

Häufig ist das frühe Stadium einer Entwicklung der einzige Moment, in dem wir überhaupt den Gang der Dinge mitbestimmen können. An einer Stelle des »Yijing« heißt es sinngemäß, ein Weiser zeichne sich gerade dadurch aus, dass er um den Wandel der Dinge weiß. Denn so »vermag er zu sein wie der Dinge Wandlung, nicht gebunden an die Starrheit der Gestalt«[138]. Eine weise Lebensführung ist bei aller erforderlichen Beharrlichkeit und Konsequenz zugleich auch weich, geschmeidig, anpassungsfähig im Einzelnen und kann so jederzeit auf eine Entwicklung reagieren.

Was heißt das für unseren Lebensalltag? Zum einen, dass wir uns stets bewusst sein sollten, dass sich alle Verhältnisse wie Familie, Freundeskreis, Beruf, Besitz, wir selbst, unsere Gesundheit, unsere Vorstellungen und Werte ständig verändern. Und dass wir uns neben der

Akzeptanz dieser Tatsache stets darum bemühen sollten, diese Veränderungen, ihre Gesetzmäßigkeiten, ihre Zyklen und Sprünge zu verstehen.

Jeder Wandel hat seine Vorgeschichte und Vorankündigung, die es gilt so früh wie möglich wahrzunehmen. Jeder Wandel hat aber auch Folgen und fordert von uns ein Handeln oder bewusstes Nichthandeln, wenn wir diese Folgen beeinflussen wollen. Je mehr wir von diesem Wandel, seinem typischen Verlauf und den bestimmenden Faktoren verstehen, umso früher und besser werden wir auf ihn einwirken können. Verändert sich die Stimmung am Arbeitsplatz, zu Hause oder im Freundeskreis zum Negativen hin, so hat das häufig seine Ursache in dem veränderten Verhalten oder den Vorstellungen, Wünschen oder Befürchtungen einer Person – oder von uns selbst.

Bemerken wir das nicht rechtzeitig, gehen wir achtlos darüber hinweg und vermeiden wir eine Aussprache aus Furcht vor der Reaktion, so verfestigt sich die negative Veränderung. Sie schleift sich ein und führt zu ungesunden Verhältnissen. Je länger wir tatenlos zusehen, umso schwieriger wird es, die Entwicklung aufzuhalten oder umzukehren. Am Ende können wir nicht mehr eingreifen, ohne dass es zu einem Bruch oder zu heftigsten Auseinandersetzungen kommt. Wir haben den Wandel ignoriert und müssen nun unter den Folgen leiden.

Es ist kein Zufall, dass das »Buch der Wandlungen« ursprünglich ein Orakelbuch war und es für manche immer noch ist. Es sollte helfen, die zukünftigen Entwicklungen so weit wie möglich vorherzusehen, um im richtigen Moment auf sie einwirken zu können. Wir erinnern uns: »Höchste Erkenntnis beeinflusst die Wirklichkeit.«

Spätere Generationen meinten hingegen, die beste Grundlage für alles Orakeln sei nicht Würfeln (im Falle des »Yijing« das Werfen von Schafgarbenstengeln), sondern Wissen. Sie erkannten aber zugleich, dass in diesem »Buch der Wandlungen« tatsächlich viele Aussagen auf großer Lebenserfahrung und tiefem Wissen beruhten, weshalb viele Denker in ihm ein philosophisches Weisheitsbuch sahen. Konfuzius, jedes Orakelns unverdächtig, soll es in seinen letzten Lebensjahren nicht mehr aus der Hand gelegt haben, so dass der Einband dreimal nachgebessert werden musste. Er wünschte sich, noch ein paar Jahre länger leben zu können, um es besser zu verstehen. An der Popularität dieses Buches hat sich bis heute nichts geändert, so dass die Zahl der Übersetzungen und Auflagen in die Hunderte geht.[139]

Aus der Tatsache des ständigen Wandels aller Verhältnisse können wir zudem lernen, dass unser Bemühen um ein möglichst angemessenes Selbstverständnis ein fortlaufender Prozess ist, der erst mit dem Tod endet. Unsere Persönlichkeit ist Teil eines lebenden Organismus und unterliegt Veränderungen. Es sollte daher unser Ziel sein, diese inneren Veränderungen wahrzunehmen und auf sie einzugehen, d. h., ständig dazuzulernen und zu reifen – ungeachtet der äußeren Einflüsse.

Zu diesem Zweck sollten wir unser Verhalten, unser Denken, unsere Wertvorstellungen und Ziele regelmäßig auf den Prüfstand stellen. Ein Erkenntiszuwachs allein bedeutet allerdings noch wenig. Wir haben erst dann wirklich etwas dazugelernt, wenn wir das Gelernte auch umsetzen, d. h., wenn es gelingt, unsere Lebenspraxis tatsächlich zu ändern. Das geschieht, indem wir unsere Gewohnheiten ändern, d. h. schlechte aufgeben und uns gute aneignen. Merken wir zum Beispiel, dass wir zunehmend dem Druck auf der Arbeitsstelle nicht mehr gewachsen sind, so sollten wir uns angewöhnen, mehr Ruhephasen einzubauen, für mehr körperlichen und seelischen Ausgleich zu sorgen, unsere Wertvorstellungen von Pflichterfüllung, beruflichem Erfolg und sozialer Stellung zu relativieren, unsere Ängste vor dem Verlust der Arbeitsstelle zu reduzieren.

Wollen wir hier etwas ändern, so sind wir aufgefordert, sehr konkret und praktisch an uns, unseren Vorstellungen und unserem Tagesablauf zu arbeiten. Wir sollten uns einüben in neue Rhythmen, Denkmuster und Verhaltensweisen. Nur so wird es uns gelingen, uns kontinuierlich weiterzuentwickeln und mit der Zeit zu gehen, d. h. »zu sein wie der Dinge Wandlung«. Wer sich dazu nicht entschließen kann und nicht die Beharrlichkeit aufbringt, diese Veränderung einzuüben, bis sie sich zu einer leicht von der Hand gehenden Gewohnheit verfestigt hat, bei dem wird sich nur schwer etwas ändern.

Wir treffen deshalb Weisheit eher bei reiferen Menschen an, weil sie über eine größere Lebenserfahrung verfügen und diese Erfahrung genutzt haben, um sich weiterzuentwickeln. Allerdings ist das nicht einfach und erfordert die Bereitschaft zu persönlicher Anstrengung. Diese besteht zum einen darin, die eigenen Gewohnheiten und Ansichten selbstkritisch dem lebendigen Fluss der Dinge und Verhältnisse, des eigenen Denkens und Fühlens zu öffnen. Zum anderen ist es notwendig, dass wir eine Lebenserfahrung auch wirklich »machen«, d. h. unsere Erlebnisse und Erfahrungen geistig verarbeiten und verinnerlichen. Weil beides nicht von selbst geschieht, ist keineswegs jeder ältere Mensch auch weise. Berühmtheit erlangte der Ausspruch des Solon: »Greis schon werd' ich, doch stets lern' ich noch vieles hinzu.«[140] Schon die Antike hat diese Worte als eine Aufforderung zu kontinuierlichem, lebenslangem Lernen und zur bewussten Entwicklung der eigenen Persönlichkeit verstanden. Jede Starrheit und Verdinglichung im Denken wie im Umgang mit sich selbst und den Menschen, mit denen wir zu tun haben, läuft Gefahr, den Wandel der Zeit zu verpassen.

Die antike Weisheitslehre war sich sehr bewusst, dass diese Anpassungsfähigkeit und Geschmeidigkeit auf starke innere Widerstände stößt. Der Mensch liebt seine Gewohnheiten und scheut Veränderung. Wandel verunsichert ihn und macht ihm Angst. Aber der Preis ist hoch. Den Wandel zu ignorieren heißt, sich dem natürlichen Rhythmus der uns umgebenden Lebenswelt und den vitalen Kräfte unserer eigenen Persönlichkeit entziehen zu wollen. Wer die Zeit nicht erkennt, den bestraft das Leben. Wem es aber gelingt, die eigenen Ängste zu überwinden, und statt Erstarrung und Stillstand die Entwicklung und Veränderung zu wählen, der lässt sich ein auf Entstehen und Vergehen, d. h. – mit Platon – auf das Leben: »Das Vergehen also und Werden wählt derjenige, der dieses Leben wählt.«[141]

PERLEN DER WEISHEIT

*Das Seiende (hier der Mensch), das sein Sein (Existenz)
nicht als schlechthin Seiendes (Unveränderliches)
betrachtet, tut dies, weil es nicht vergessen hat, dass es
ein Vergehen gibt. Das Ruhende, das den Frieden seiner
Ruhe nicht als schlechthin Ruhevolles betrachtet, tut
dies, weil es nicht vergessen hat, dass es Gefahren gibt.
Darum ist jeder, der sich auf sein Sein verlässt
(es als unveränderlich ansieht), dem Untergang nahe,
während jeder, der nicht vergessen hat, dass es ein
Vergehen gibt, sein Sein bewahren kann.*[142]

Wang Bi

MERKSATZ

Der Weise achtet auf den Wandel der Dinge
und Verhältnisse und entwickelt seine
Persönlichkeit weiter.

DER RICHTIGE AUGENBLICK

Alles hat seine bestimmte Zeit:
es muss werden, wachsen, vergehen.[143]
Seneca

Wie wichtig ein verinnerlichtes Verständnis von der Veränderung und Vergänglichkeit der menschlichen Dinge im Hinblick auf eine gelungene Lebensführung ist, zeigt sich nicht nur im Umgang mit dem Schicksal und dem allgemeinen Wandel der Verhältnisse. Es gibt zwei weitere Aspekte von Veränderung, die große Bedeutung für unser Wohlbefinden haben und zu meistern sind, wenn wir ein glückliches Leben führen wollen. Dieses sind zum einen der Tod, zum anderen das, was die Alten »den richtigen Augenblick« nannten.

Einigen dürfte die Geschichte bekannt sein, wonach das Orakel in Delphi Sokrates zu dem weisesten aller Griechen erklärte, und dieser sich darüber wunderte, weil er sich doch eingestehen musste: »Ich weiß, dass ich nichts weiß.« Wenn es keine Legende ist, muss das gegen Ende des fünften vorchristlichen Jahrhunderts gewesen sein. Weniger bekannt dürfte sein, dass das Orakel etwa einhundert Jahre zuvor schon einmal die Frage nach dem »weisesten Griechen« beantwortet hatte. Es war ein neugieriger Skythe auf Bildungsreise durch Griechenland, Anacharsis mit Namen, der diese Frage stellte. Das Orakel nannte ihm den Bauern Myson. Lange suchte

Anacharsis diesen Bauern, den keiner zu kennen schien. Es war Sommer, als er ihn schließlich fand. Myson saß still im Hof und setzte seinen Pflug instand. »Aber Myson, jetzt ist doch nicht die Zeit zum Pflügen«, gab der Skythe seiner Verwunderung Ausdruck. »Aber die rechte Zeit, sich zum Pflügen zu rüsten«, antwortete Myson.[144]

Platon zählte Myson, von dem sonst nichts weiter bekannt ist, zu den »Sieben Weisen«.[145] Das ist bemerkenswert, denn dieser Myson war ein einfacher Bauer, der wohl nie in seinem Leben ein Buch in der Hand gehalten hatte. Wahrscheinlich konnte er nicht einmal lesen. So vermittelt diese Erzählung zum einen die in der Antike verbreitete Auffassung, wonach Weisheit nichts mit Bücherwissen oder Gelehrtheit zu tun hat, eher schon mit Lebenserfahrung.

Was Myson wusste, das hatte er von dem zyklischen Wechsel der Naturerscheinungen, dem Rhythmus des Lebens und von der aufmerksamen Beobachtung all dieser Dinge gelernt. So hatte er erkannt, dass es für alles einen richtigen Zeitpunkt gibt. »Kairos« nannten es die Griechen, das Wissen um den richtigen Augenblick, sei es für ein Tun, für eine Entscheidung oder für ein Abwarten. Sie räumten diesem Wissen einen hohen Stellenwert ein und machten es sogar zu einem Gott. Neben dem »Nichts im Übermaß!« und dem »Erkenne dich selbst!« war auch der Ausspruch »Erkenne die rechte Zeit!«[146] am Heiligtum des Apollon, des »Wahrheitskünders«, verzeichnet.[147] Der Bedeutung nach ist Kairos eng verwandt mit dem richtigen Maß, insofern er die Mitte bezeichnet zwischen dem »zu früh« und dem »zu spät«. Kairos ist das richtige Maß in Bezug auf die Zeit.

Im Grunde war der »Kairos« genau das, was das erwähnte chinesische »Buch der Wandlungen« in verschiedenen typischen Lebenssituationen suchte und näher bestimmen wollte. Es kann als ein Beleg für die Universalität des Weisheitswissens angesehen werden, dass sich die Intention dieses Buches mit Gedanken des Aristoteles über den Kairos trifft. Der meinte nämlich, die exakte Bestimmung des »richtigen Augenblicks« entziehe sich der Wissenschaft, also der allgemeinen Festlegung, und müsse von dem Handelnden in jeder konkreten Situation erkannt und entschieden werden. Man könne allenfalls in Umrissen andeuten, welche Entscheidungen oder Handlungen in welchen Lebenssituationen angezeigt seien. Genau dies aber ist die Absicht des »Buchs der Wandlungen«. Es stellt einzelne, typische Geschehensabläufe dar und gibt Empfehlungen, was in der jeweiligen Situation am besten zu tun oder zu unterlassen sei. Die konkrete Umsetzung aber muss dem Gespür und der Wahrnehmung eines jeden selbst überlassen bleiben. Die Bestimmung des Kairos gleicht daher eher einer Kunst. Darin ist der Kairos verwandt mit dem Wesen der Weisheit, die neben dem Wissen vor allem ein Können und mithin eine Kunst ist – nämlich Lebenskunst.

Dass keine allgemeingültige, »exakte« Bestimmung des richtigen Augenblicks gegeben werden kann, bedeutet nicht, dass sich damit die Frage in Beliebigkeit verflüchtigt. Auch bei jeder Kunst entwickelt sich das Können aus einem Wissen, etwa beim Bildhauer in Bezug auf die Eigenschaften des Werkstoffs (Stein, Marmor, Ton) und des darzustellenden Inhalts (z. B. der menschliche Körper). Für das antike Weisheitsdenken stand fest, dass es in jedem Handlungsgeschehen »günstige Gelegenheiten« für eine erfolgreiche Einflussnahme gibt und dass der Einzelne diese erkennen kann. Für das Erkennen des richtigen Augenblicks ist es daher hilfreich, wenn wir uns stets bemühen, unsere Lebenserfahrung zu erweitern, und die Geschehensabläufe mit großer Aufmerksamkeit beobachten. Mehr oder weniger wiederholt sich der Gang des Lebens. In den Grundzügen ist das Leben eine »ewige Wiederkehr des Gleichen«. Daher forderte Mark Aurel uns auf, »das Vergangene vor unseren Augen vorüberziehen zu lassen, ... dann könnten wir auch das Künftige voraussehen. Denn es wird in jeder Hinsicht den gleichen Charakter haben ...«[148]

Das »Buch der Wandlungen« führt 64 Konstellationen und zahlreiche weitere Varianten an, mit der alle denkbaren Lebenssituationen archetypisch erfasst werden sollen. Haben wir die Gesetzmäßigkeit des Geschehens erkannt, können wir im richtigen Moment entschlossen und konsequent das Notwendige tun. »Der Weise ... betrachtet, was vergangen ist, und erkennt daraus, was kommen wird.«[149] (Liezi) Solche Gesetzmäßigkeiten stets genau zu erkennen ist zugegebenermaßen sehr schwierig, wenn nicht unmöglich. Aber Weisheit bedeutet hier wie überall das Streben nach besserem Wissen, nicht den Besitz dieses Wissens. Ohne bewusstes Streben, ohne ein stetes Dazulernen-Wollen, wird sich unser Erfahrungswissen, wenn überhaupt, nur langsam vergrößern. Je mehr wir die Fähigkeit zur wachen, aufmerksamen Beobachtung des Lebens erwerben, umso eher werden wir imstande sein, den richtigen Zeitpunkt für unsere Entscheidungen und Handlungen zu treffen.

Hieraus ergibt sich von selbst, worauf wir bei der Bestimmung des »richtigen Augenblicks« achten sollten. Wir sollten unsere Beobachtungsgabe und Aufmerksamkeit trainieren und uns in Selbstbeherrschung und Entschlossenheit üben. Ein »zu früh« heißt ebenso das Ziel verfehlen wie ein »zu spät«. Die Beispiele aus der Praxis sind zahlreich: Wann sprechen wir mit unserem Chef oder Lebenspartner über ein akutes Problem? Wann ist es Zeit, sich nach einer neuen Arbeitsstelle umzusehen? Wann räumen wir unseren Kindern welche Freiheiten ein? Wann brauchen wir eine Pause, ein freies Wochenende, einen Urlaub? Wann ist es angezeigt, dass wir bis an die Grenzen unserer Leistungsfähigkeit gehen?

Bisweilen brauchen wir Geduld und müssen einen ungeklärten Zustand so stehen oder sich entwickeln lassen, ohne einzugreifen. In Bezug auf eine solche Situation heißt es beispielsweise im »Buch der Wandlungen«: »Wolken steigen am Himmel auf: das Bild des Wartens«; ein ungeklärter Zustand: Gibt es Regen oder lösen sich die Wolken wieder auf? Der Rat: Der Weise übt sich in Geduld, er »isst und trinkt«, bleibt »heiter und guter Dinge«[150]. Hier ist eine Konstellation beschrieben, in der – wie wir heute sagen würden – geduldiges und gelassenes »Aussitzen« die beste Strategie ist.

Es gibt keinen Boom, keine Krise, keinen Aufstieg, keinen Zusammenbruch, kein Glück, kein Unglück, in dessen Entwicklungsgang wir nicht den einen Augenblick festmachen könnten, in dem sich das weitere Geschehen entscheiden wird. Dieser Augenblick ist häufig identisch mit dem Zeitpunkt, in dem wir den Gang der Dinge am besten beeinflussen könnten. Wenn wir diesen Augenblick erkennen und handeln, dann werden wir die größte Wirkung erzielen. Nahezu jeder Misserfolg beruht entweder auf Voreiligkeit oder auf einem Versäumnis. Alles hat seine Zeit und seine Zyklen, seinen Zeitpunkt der Entscheidung und des Handelns: »Erkenne den Rhythmus, der im Menschenleben herrscht«[151], sagte der griechische Dichter Archilochos.

Es gibt ein antikes Epigramm auf die Weisheit des »richtigen Zeitpunkts«. Wahrscheinlich bezog es sich auf eine Darstellung des Gottes Kairos, der Teil eines Altars in Olympia war:

Wer bist du?
Ich bin Kairos, der alles bezwingt!
Warum läufst du auf Zehenspitzen?
Ich der Kairos, laufe unablässig.
Warum hast du Flügel am Fuß?
Ich fliege wie der Wind.
Warum trägst du in deiner Hand ein spitzes Messer?
Um die Menschen daran zu erinnern,
dass ich spitzer bin als ein Messer.
Warum fällt dir eine Haarlocke in die Stirn?
Damit mich ergreifen kann, wer mir begegnet.
Warum bist du am Hinterkopf kahl?
Wenn ich mit fliegendem Fuß
erst einmal vorbeigeglitten bin,
wird mich auch keiner von hinten erwischen,
sosehr er sich auch bemüht.
Und wozu schuf Euch der Künstler?
Euch Wanderern zur Belehrung.[152]

Der rechte Augenblick ist der, der »alles bezwingt«, sprich, der immer den Sieg davonträgt, der ständig in Bewegung ist, schnell wie der Wind, und nur einen kurzen Moment dauert, punkthaft ist wie die Spitze eines Messers. Wenn er gekommen ist, müssen wir ihn entschlossen

»beim Schopfe packen«, denn verpassen wir ihn, so können wir ihn schon nicht mehr ergreifen, denn sein Hinterkopf ist kahl.

PERLEN DER WEISHEIT

*Die beim Schlaf und beim Ruhen
nicht die rechte Zeit beobachten, …
die in Muße oder Anstrengung
die Grenzen überschreiten,
die tötet alle die Krankheit.*[153]
Konfuzius

MERKSATZ

Der Weise erkennt frühzeitig,
wie sich die Dinge entwickeln, und weiß,
wann der Moment zum Handeln
gekommen ist.

TOD

*Dass ich dich lieb habe, mein Leben,
das verdanke ich dem Tod!*[154]
Seneca

Wir kommen zu einem letzten Kapitel über die Bedeutung von Veränderung und Vergänglichkeit für eine gelungene Lebensführung. Es scheint auch das letzte Kapitel unseres Lebens zu betreffen. Aber das ist ein großer Irrtum. Der Tod, um den es im Folgenden gehen soll, betrifft unser ganzes Leben. Und genau diese Erkenntnis ist es, die wir von den Alten lernen können.

Die Bedeutung des Themas »Tod« für eine weise Lebensführung ist kaum zu überschätzen. Es stellt einen Kulminationspunkt antiker Weisheitslehre dar. Nun wollen wir uns verständlicherweise lieber mit angenehmeren Seiten des Lebens beschäftigen als mit dem Tod. Gegen kein anderes Thema sind die inneren Widerstände so groß. In unserer Gesellschaft wird der Tod häufig verdrängt. Das war in der Antike nicht anders. Seneca stellte fest:

Der Tod gehört zu jenen Dingen, die zwar kein Übel sind, aber doch wie ein Übel aussehen. Die Eigenliebe ist uns eingepflanzt sowie der Trieb nach Dauer und Selbsterhaltung, verbunden mit dem Widerwillen gegen die Auflösung... vor dem Unbekannten schauert es uns.

Zudem haben wir eine natürliche Furcht vor der Finsternis ... Es bedarf reichlicher Übung, um der Seele die Festigkeit zu geben, die imstande ist, den Anblick und die unmittelbare Nähe des Todes zu ertragen.[155]

Es ist schwierig, das Weisheitswissen über den Tod zu vermitteln. Das Umdenken, das die Alten hier von uns einfordern, stellt für viele eine erhebliche Herausforderung dar und rührt an tief verwurzelte menschliche Ängste. Zwar fehlt es in jüngerer Zeit nicht an Versuchen, dieses Tabu zu durchbrechen. Aber wenn wir einmal Menschen fragen, ob sie regelmäßig an den Tod denken, sich auf ihn vorbereiten oder gar »sich im Sterben üben«, wie es Epikur verlangte, da werden wir doch meistens in verwunderte Gesichter schauen. Dabei wären gerade bei dem Thema Tod eine kontinuierliche Auseinandersetzung und Verinnerlichung von Einsichten und Erfahrungen wichtig, die bereits im antiken Weisheitsdenken angemahnt wurden. Eine solche Auseinandersetzung erfordert allerdings eine geistige Anstrengung, zu der ich im Folgenden motivieren möchte.

Wenn es nach Epikur ginge, scheint alles halb so schlimm zu sein. Der behauptete nämlich: »Der Tod geht uns nichts an«, denn wenn er da ist, sind wir nicht mehr da; solange wir da sind, ist er nicht da.[156] Wenn der Leser jetzt stutzt, befindet er sich in guter Gesellschaft, denn selbst Hegel fand diesen Gedanken bemerkenswert. Wäre es nicht schön, wenn wir das Thema damit beenden könnten? Nein, das wäre es keineswegs! Das Gegenteil ist der Fall. Die meisten Menschen scheinen nämlich eben das zu denken: »Der Tod geht mich nichts an!« Aber es hilft nichts. Verbannen wir den Tod in eine ungewisse

Zukunft, anstatt ihn mit in unser Leben hineinzunehmen, dann unterliegen wir nach Seneca einer »großen Selbsttäuschung«[157], durch die unser Wohlbefinden auf vielfältige Weise gestört wird.

In der Antike wusste das kaum einer besser als Epikur selbst. Bis heute ist seine Aufforderung an uns nicht verhallt: »Übe dich im Sterben!«[158] Schon vor ihm hatte Platon die ganze Philosophie als eine »Übung im Sterben« aufgefasst.[159] Was aber meinte Epikur mit seiner sehr praktisch verstandenen Aufforderung? Widerspricht er sich nicht, wenn er einerseits feststellt, der Tod gehe uns nichts an, andererseits aber fordert, wir sollen uns im Sterben üben? Aber Sterben ist nicht identisch mit dem Tod. Das Sterben als der erlebte Prozess der eigenen Vergänglichkeit geht uns sehr wohl etwas an. Streng genommen setzt dieser Prozess schon mit der Geburt ein: Den »Weg des Todes«, meinte Seneca, »betritt der Mensch von dem Augenblick an, wo er zuerst das Licht erblickte«[160]. Von da an sei alles Wachsen zugleich ein Abnehmen. Eigentlich »sterben wir täglich«[161].

Eines der großen Verdienste Epikurs war es, erkannt zu haben, dass die Überwindung von Furcht und Angst[162] für die innere Zufriedenheit von zentraler Bedeutung ist. Denn das höchste Glück, das der Mensch erreichen könne, war für Epikur ein seelischer Zustand frei von Leid und Furcht. Euphorischen Glücksmomenten stand er dagegen skeptisch gegenüber, da sie nur von kurzer Dauer seien und dann nicht selten ins Gegenteil umschlügen. Für eine vergnügungssüchtige Spaß- und Eventgesellschaft hätte er nicht viel übriggehabt. Einem bewegten Auf und Ab zog er – wie nahezu das gesamte antike Weisheitsdenken – eine dauerhafte und stabile Zufriedenheit, eine nachhaltige innere Ruhe und Gelassenheit vor. Er hielt eine »Lust in der Ruhe« für erstrebenswerter als eine »Lust in der Bewegung«. Seelische Unruhe aber hat nach Epikur seine Hauptursache in der Furcht, sei es vor strafenden Göttern, vor einem kommenden Unheil, vor einem Verlust, einem Scheitern oder vor der Enttäuschung einer Hoffnung, dass sich ein Wunsch oder eine Sehnsucht nicht erfüllen wird. Es sei geradezu das Ziel der Philosophie, den Menschen von solcher Furcht zu befreien, insbesondere von der Furcht vor dem Tod, denn auf diesen als dem Inbegriff aller Vergänglichkeit lasse sich alle Furcht zurückführen. Bei dem Thema Tod und Sterben gehe es um weit mehr als nur um das Ende des Lebens. Es gehe um die Vergänglichkeit schlechthin in all ihren Erscheinungsformen, d. h. um jede Art von Verlust, den wir erleiden, denn die Formen von Vergänglichkeit und Verlust sind nur unterschiedliche »Gestalten des Todes«, wie es in den Upanishaden heißt.[163] Was die Erfahrung eines jeglichen Verlustes und die Furcht davor so bedrückend und leidvoll macht, ist die Ahnung der eigenen Vergänglichkeit, des eigenen Todes, die Angst vor dem Nichts, der »horror vacui«, der sich dabei unbewusst in jedem Menschen rührt und mitempfunden wird.

Das Thema der Vergänglichkeit ist allgegenwärtig. Täglich begegnen uns Vergänglichkeit und Verlust und bestimmen maßgeblich und dauerhaft unsere Gedanken und unsere Befindlichkeit. Sie tun dies in der Form der Sorge: Sorge um den Erhalt des Besitzes, des Arbeitsplatzes, der sozialen Stellung, der finanziellen Absicherung, der Anerkennung im Beruf; im privaten Kreis die Sorge um das Fortbestehen der persönlichen Beziehungen zum Lebenspartner, zu den Kindern, zu den Eltern und

Freunden; die Sorge um die körperliche und geistige Gesundheit, Energie, Schaffenskraft und vieles mehr. All diese Beziehungen und Bezüge prägen unser Leben. Wir haben sie uns geschaffen aus dem natürlichen Bedürfnis nach Sicherheit und Geborgenheit. Die Möglichkeit, sie wieder zu verlieren, macht uns Angst. Die Angst und die Sorge um eine Beeinträchtigung der Beziehungen oder gar deren Verlust führen zu einer mehr oder weniger starken Identifizierung mit ihnen. Ein Leben außerhalb können wir uns nur schwer vorstellen. Je länger wir an ihrer Steigerung und Intensivierung arbeiten, umso mehr verinnerlichen wir sie. Wir empfinden und erleben uns schließlich als diese Beziehungen selbst und nichts anderes. Wir definieren uns über sie. Auf diese Weise verfestigen wir den Status quo bis hin zur Unbeweglichkeit, wir »verdinglichen« uns und unser Leben.

Besonders deutlich wird dieser Prozess im Falle des Besitzes: Die hohen Herren in ihren mit kostbaren Steinen erbauten Palästen, meinte ein griechischer Philosoph, »sind Steine und denken nur an Steine«[164]. In den indischen Upanishaden heißt es zu den Folgen allzu starker Identifizierung:»Ich bin dieser, ich bin dieses«, so spricht der Mensch und verfängt sich selbst wie »ein Vogel im Netz«[165]. Negative Beeinträchtigungen oder Gefährdungen unseres vielfältigen Beziehungsgeflechts empfinden wir häufig als eine persönliche Verletzung oder Gefährdung unserer Existenz, jeden Verlust als eine Art Verlust unserer Identität. Wir können nicht mehr loslassen und verzichten. Was das Leben und das persönliche Existieren am stärksten prägt, Veränderung und Wandel, Kommen und Gehen, Entstehen und Vergehen, das ist es, vor dem wir uns häufig am meisten fürchten und wovor wir uns innerlich verschließen. Diese Diskrepanz zwischen dem natürlichen Wunsch nach Sicherheit einerseits und der Wirklichkeit von Veränderung und Vergänglichkeit andererseits führt zu einem der tiefgreifendsten Konflikte bei der Lebensbewältigung.

Die negative Wirkung von Besitzstandswahrung, Verdinglichung, Verlustangst und Sicherheitsbedürfnis auf unsere innere Zufriedenheit ist eine doppelte. Zum einen beunruhigen uns Sorge und Furcht. Sie stören den inneren Frieden und verhindern einen Zustand »heiterer Gelassenheit«. Darüber hinaus trübt die Sorge um die Zukunft das Gespür für den Genuss des Augenblicks. Die Sorge zieht unsere Aufmerksamkeit ab von dem gelebten Moment, indem sie uns ganz auf die Zukunft fokussiert. Wir leben mehr in unseren Vorstellungen von dem, was kommen wird, in unseren Hoffnungen und Ängsten, als dass wir uns am Hier und Jetzt erfreuen. Von den alten Ägyptern ist ein bemerkenswerter Brauch überliefert. Feierte ein Reicher ein prächtiges Gastmahl, so trug ein Diener ein hölzernes Bild einer Leiche herum, die in einem Sarg liegt. »Er hält es jedem Zechgenossen vor«, berichtet uns der griechische Geschichtsschreiber Herodot, »und sagt: ›Den schau an und trink und sei fröhlich: Wenn du tot bist, wirst du, was er ist.‹«[166]

Den negativen Folgen des Spannungsverhältnisses von innerem Sicherheitsbedürfnis und lebendigem Wandel können wir uns nur entziehen, wenn wir die Umklammerung durch Besitz und Beziehungen lockern, uns aus ihr lösen. Die Antike empfahl nachdrücklich, dass wir dem verständlichen Wunsch nach einer Identifizierung des eigenen Selbst mit den bestehenden, als gut empfundenen Beziehungen entgegenarbeiten. Das ist die »Loslösung«, die in der antiken indischen Philosophie eine große Rolle spielte und bis heute spielt, insbesondere im Buddhismus. »Das Zur-Ruhe-Kommen der seelisch-geistigen Vorgänge erlangt man durch Übung und Loslösung«[167], heißt es in den Yogasutras des Patañjali, der grundlegenden Schrift aller Yogarichtungen.

Wie aber können wir uns loslösen und dieser Tendenz zur eigenen Verdinglichung entgegenarbeiten? Indem wir uns immer wieder bewusst machen, dass wir all das nicht sind, was wir besitzen und was unsere Bezüge ausmacht; dass es daneben einen Kern persönlicher Identität gibt, der nicht in diesen Beziehungen aufgeht. Besitz, Beruf, Erfolg, gesellschaftliche Anerkennung, persönliche Beziehungen – alles das unterliegt der Veränderung, kommt und geht. Es begleitet uns eine Weile auf unserem Lebensweg, dann verlässt es uns wieder und macht Platz für etwas Neues.

Für wie lange wir uns daran erfreuen können, wissen wir nicht. Die Bestimmung der Dauer liegt nicht in unserer Macht. Wir leben im Unversicherbaren. »Sage nie von einem Ding: ›Ich hab' es verloren‹; sondern: ›Ich hab' es zurückgegeben‹«, prägten die Stoiker ihren Mitmenschen ein.[168] Wir sollen uns stets bewusst sein, dass alles nur auf Zeit »geliehen« ist. Wenn wir ein solches Bewusstsein bei jedem kleinen oder großen Verlust üben und eintrainieren, dann verändert sich im Laufe der Zeit unsere allgemeine Einstellung zu Verlusten. Schließlich beeinflusst die veränderte Einstellung auch unser Hoffen und Fürchten, also unser Verhältnis zu bevorstehenden Ereignissen: »Gib, was du willst«, sagt der Weise zum Schicksal, »nimm zurück, was du willst!«[169] (Mark Aurel) Unsere Verlustangst wird immer kleiner und unbedeutender. Zwar werden uns auch dann noch Verluste und Schicksalsschläge vorübergehend betrüben, aber sie werden unsere Grundstimmung nicht nachhaltig erschüttern können. Wir werden nach kurzer Besinnung schnell wieder ins Gleichgewicht kommen.

Mit der auf diese Weise überwundenen Angst aber verlässt der für unsere innere Ruhe und Ausgeglichenheit größte Feind die Seele. Es ist ein solches Eintrainieren, das Epikur mit dem »Übe dich im Sterben« im Auge hatte. Diese Übung schärft unser Bewusstsein für jede Form von Vergänglichkeit und Veränderung und öffnet uns für das pulsierende Leben, das nichts anderes ist als ständiger Wandel.

Unser Glück hängt weniger an äußeren Dingen und den eingegangenen Beziehungen, sondern entspringt aus unserem inneren Wesen und dem, was wir mit den äußeren Dingen und aus den eingegangenen Beziehungen machen: »Der Adel beruht auf dem eigenen Ich und geht nicht verloren durch äußere Veränderungen«, meinte der chinesische Philosoph Zhuangzi.[170] »Glück und Unglück liegen in der eigenen Seele«, sagte Demokrit, ein Zeitgenosse des Sokrates, der schon in der Antike stets als der »lachende« Philosoph dargestellt wurde. Vielleicht lachte er deshalb so viel, weil es ihm gelang, durch die Einsicht in die eigene Vergänglichkeit und die »Übung im Sterben« die eigenen Sorgen zu vertreiben.[171] Zeit genug für diese schwierige Übung hatte er, denn er soll an die hundert Jahre alt geworden sein. Er war es auch, der feststellte, dass jene, die allzu sehr Sicherheit in den äußeren Beziehungen suchen, im Grunde – ohne es zu wissen – auf Erstarrung und Tod hinarbeiten: »Menschen, die den Tod zu fliehen suchen, laufen ihm in den Rachen«.[172] Sie wollen den Wandel abschaffen, aber der Wandel ist das Leben.

Wer leben will, sollte sich dem Leben stellen, wie es ist. Das war die feste Überzeugung des westlichen wie des östlichen Weisheitsdenkens. Der Mensch soll »ja« sagen zu Veränderung, soll in den Fluss der Dinge eintauchen, soll sich darin üben, Verlust und Vergänglichkeit als etwas Natürliches anzusehen, das es gelte zu akzeptieren, zu erdulden und zu ertragen. Je bewusster er dies tut, umso gelassener wird er. Nichts ist so unbeständig wie Erfolg und gesellschaftliche Anerkennung. Nahezu täglich erleben wir irgendeinen kleinen Verlust, eine kleine Schmälerung, eine kleine Gefährdung. So gesehen ist Leben ein »tägliches Sterben«, und der lebt am besten, der am besten zu sterben versteht: »Wir sterben viele Tode und sterben immer von neuem«, meinte der griechische Philosoph und Schriftsteller Plutarch.[173]

Je mehr wir uns »im Sterben üben«, je mehr wir uns mit dem Phänomen der Vergänglichkeit auseinandersetzen und uns seine Allgegenwart, Natürlichkeit und Unausweichlichkeit vor Augen führen, umso eher sind wir imstande, mit dem, was wir haben und was wir sind, einschließlich unserer Lebensumstände, zufrieden zu sein. Die »Übung im Sterben« soll nicht frustrieren, im Gegenteil: Wer verstanden hat und sich stets bewusst ist, dass er alles Äußere in jedem Augenblick verlieren kann, der wird lernen, die vielfältigen großen und kleinen Freuden des Alltags wertzuschätzen und zu genießen und bewusster im Hier und Jetzt zu leben. Daran dachte Seneca, als er ausrief: »Es ist eine herrliche Sache, sterben zu lernen.«[174] Deshalb pries er den Tod als »die beste Erfindung der Natur«[175]. Wenn wir eine solche Äußerung als zynische Provokation empfinden, zeigen wir nur, wie weit wir noch von einer Verinnerlichung des Todesgedankens entfernt sind. »Ach«, stöhnte Seneca, welche »Unkenntnis ihres Elends« verraten doch diejenigen, die diese uralte Wahrheit noch nicht verstanden haben.[176] Und uralt ist sie. Schon im Gilgamesch-Epos aus dem dritten Jahrtausend v. Chr., einer der ältesten Dichtungen, die wir kennen, wird die Forderung, das Leben zu genießen, gerade deshalb aufgestellt, weil wir sterblich sind:

> *Gilgamesch, wohin läufst du? Das Leben, das du suchst (das unsterbliche), wirst du nicht finden. Als die Götter die Menschen schufen, bestimmten sie den Tod für die Menschen, das (ewige) Leben behielten sie für sich selbst. Drum, Gilgamesch – iss und trink, fülle dir deinen Leib, Tag und Nacht freue dich nur! Mache dir jeden Tag ein Freudenfest! Freue dich Tag und Nacht bei Harfen, Flöten und Tanz! ... Sieh froh die Kinder an, die deine Hand erfassen! Freue dich in den Armen des Weibes!*[177]

Es ließen sich noch zahlreiche weitere Stellen in den Texten der Alten in West und Ost anführen, die diesen Gedanken aussprechen. Aber kaum eine dürfte an die Zartheit des Gefühls heranreichen, die Ausdruck gefunden hat in dem Bild der Kinder, die unsere Hand erfassen.

»Übe dich im Sterben« bedeutet keineswegs, pausenlos an den Tod zu denken. Es geht darum, sich Tod und Vergänglichkeit bewusst zu machen und sich der natürlichen Tendenz zur Verdrängung zu widersetzen. Es geht darum, die Angst vor dem Tod und der Vergänglichkeit und alle damit verbundenen nachteiligen Wirkungen zu überwinden: »Befreunde dich mit dem Tod!«[178], fordert uns Mark Aurel auf. Im Übrigen gilt hier wie überall das »Nichts zu sehr!«. Wo der Gedanke an Tod, Verlust und Vergänglichkeit zu einer Obsession wird, da gewinnen wir statt eines angemessenen Verhältnisses zu diesen Lebenstatsachen ein krankhaftes. Die Rückbesinnung auf die Vergänglichkeit und den eigenen Tod aber ist so lange geboten, wie wir diese Grundtatsache menschlicher Existenz noch nicht verinnerlicht haben, sie zu vergessen drohen oder einfach, wenn wir bemerken, dass wir Angst haben und Sorgen uns bedrücken. Was uns an dem Weisen so erstrebenswert erscheint, ist gerade das: Er scheint weder Angst noch Sorgen zu kennen.

Über das Wissen um Tod, Vergänglichkeit und Verlust verfügt eigentlich jeder. Und doch sehen wir uns dadurch nicht automatisch in die Lage versetzt, die kleinen und größeren Verluste in unserem alltäglichen Leben mit Gelassenheit und innerem Gleichmut zu ertragen. Wenn ein Verlust eintritt, scheint dieses Wissen häufig ausgeblendet zu werden. Ein solches Wissen ist jedoch oberflächlich, ist nur theoretisches Wissen, das nicht angewendet wird. In dem Maße, in dem wir einem Verlust übermäßig nachtrauern und uns durch ihn nachhaltig aus der Ruhe bringen lassen oder gar depressiv und krank werden, haben wir noch nicht verstanden, dass und wie die Vergänglichkeit unser ganzes Leben durchdringt, ja mit diesem identisch ist.

Hier wie bei allen Lebensweisheiten haben wir »wirkliches Wissen« erst erlangt, wenn dieses Wissen »praktisch« wird. Das ist dann der Fall, wenn es unser tägliches Handeln, Denken und Fühlen bestimmt, wenn es zu einem lebendigen Teil unserer Persönlichkeit geworden ist, wenn es uns die Gefühle von Angst und Sorgen nimmt oder doch abschwächt. Dazu bedarf es jedoch einer kontinuierlichen Übung und Eingewöhnung. Das ist nicht leicht, denn es erfordert Selbstdisziplin und Beharrlichkeit. Aber jede noch so kleine Bemühung in diese Richtung wird belohnt.

PERLEN DER WEISHEIT

*Verachte nicht den Tod, sondern befreunde dich
mit ihm, da auch er naturgewollt ist ... Du wirst
in dem verschwinden, was dich erzeugt hat ...
Durchwandere das Winzige deiner Zeit
naturgemäß und beende es heiter, als fiele die reif
gewordene Olive herab, preisend den Boden,
der sie trug und dankend dem Baum,
der sie nährte.*[179]
Mark Aurel

MERKSATZ

Der Weise ist sich stets der Vergänglichkeit
seines Besitzes, seiner Beziehungen,
seiner Lebensumstände bewusst –
auch dass er sterben muss.

HYBRIS

Wer sein Nichtwissen weiß, ist erhaben,
wer sein Nichtwissen nicht weiß, ist leidend.[180]
Laotse

Das folgende Weisheitsthema hängt mit dem zuvor behandelten eng zusammen. Seine Bedeutung für das persönliche Wohlbefinden ist groß, wird aber regelmäßig unterschätzt. Die Rede ist von der Überheblichkeit, der Arroganz, dem Übermut, der Selbstüberschätzung, der Wissensanmaßung, kurz: der Hybris, wie es die Griechen nannten. Mit den Themen Tod und Vergänglichkeit ist die Hybris insofern verbunden, als derjenige, der sich der eigenen Vergänglichkeit bewusst ist, weniger zu Überheblichkeit neigt. Hybris hat aber auch mit Wandel und Schicksal zu tun, denn derjenige wird nicht so schnell übermütig, der weiß, dass sich die Lebensumstände jederzeit ändern können. Und sie berührt schließlich das Thema Selbsterkenntnis, denn die Aufforderung »Erkenne dich selbst!« – nämlich als einen Sterblichen, dessen Wissen und Fähigkeiten endlich und begrenzt sind – richtet sich gegen jede Art selbstgefälliger Einbildung und Wissensanmaßung. Wer meint, sich genug zu kennen, hat sich schon aus den Augen verloren.

Wir haben gehört, dass Sokrates, als das Orakel ihn zum weisesten Griechen erklärte, erwiderte: »Ich weiß, dass ich nichts weiß.« Dieses Paradoxon ist häufig als Ironie verstanden worden, deren sich Sokrates häufig und gerne bediente. Aber meinte er es wirklich ironisch? Obgleich er später wegen angeblicher Gotteslästerung den Schierlingsbecher trinken musste, war er ein gläubiger Mensch. Er zweifelte demnach nicht daran, dass der Gott mit seinem Orakelspruch etwas Wahres sagen wollte. Wenn ihn der Gott für den weisesten aller Griechen erklärte, dann wollte Sokrates mit seiner Antwort sagen, dass menschliche Weisheit nach der Auffassung des Gottes und seiner eigenen etwas mit Nichtwissen zu tun haben müsse.

Das würde nun unsere bisherigen Ausführungen über den Haufen werfen, wonach es bei der Weisheit doch um eine kontinuierliche Vermehrung unseres Wissens von den menschlichen Dingen geht. Aber wir brauchen bloß der vermeintlichen Ironie die Spitze zu nehmen, um das Paradoxon aufzulösen und zu verstehen, was Sokrates sagen wollte. Offenbar war er zu der Auffassung gelangt, dass vollkommene Weisheit und »absolutes« Wissen nur dem Gott zukommen. Der begrenzte Mensch müsse sich damit begnügen, danach zu streben und sein menschliches, »relatives« Wissen kontinuierlich zu vermehren. »Philosophie« heißt – wie bereits bemerkt – Liebe zur Weisheit und meint das Streben nach Weisheit, nicht ihren Besitz. Das kommt schon in einer alten Erzählung zum Ausdruck, wonach der griechische Philosoph und Mathematiker Pythagoras (6. Jh. v. Chr.) einem Herrscher, der seine Weisheit bewunderte, erwiderte, er sei nur ein »Liebhaber der Weisheit« (griechisch: philein = lieben; philos = Liebhaber, Freund; sophia = Weisheit), denn Weisheit besitzt nur der Gott allein.[181] Das »Ich weiß, dass ich nichts weiß« ist daher nur ein anderer Ausdruck für die Selbstbescheidung, zu der schon das »Erkenne dich selbst!« aufforderte. Wie das Eingeständnis des Nichtwissens, so richtet sich auch das »Erkenne dich selbst!« gegen jede Form von Anmaßung. Wer sich selbst für einen »Weisen« hält, der ist es gewiss nicht. Wer meint, letztverbindliches Wissen zu haben, der überschätzt die menschliche Erkenntnisfähigkeit. Mit seiner Zuspitzung führte Sokrates den Stand der Frage als den Ausgangs- und Endpunkt aller Philosophie und Weisheit ein. Unser Wissen ist immer nur ein vorläufiges. Wir sollten jederzeit bereit sein, es um der besseren Einsicht willen aufzugeben. Das ist die Selbstbescheidung, zu der uns die Warnung vor der Hybris auffordern will.

Was heißt das für unseren Lebensalltag? Es bedeutet, dass nur Offenheit, ständige Neugier und kritisches Hinterfragen unser Wissen über uns selbst, den Mitmenschen und unsere Lebenswelt erweitert und uns weiser macht. Das ist gemeint, wenn es in der indischen Bhagavadgita heißt:

> *Wer Selbstsucht, Wollust, Dünkel, Zorn*
> *Und Prahlsucht völlig abgestreift, …*
> *Der ist zur Göttlichkeit gereift.*[182]

Demgegenüber führen Wissensanmaßung, Hochmut und arrogante Selbstüberschätzung zu einem Stillstand in der Entwicklung unseres Wissens und damit auch unserer Persönlichkeit. Wer aufgehört hat, dazulernen zu wollen, der hat aufgehört, sich zu entwickeln. Ein Stillstand der persönlichen Entwicklung aber führt häufig zu Konflikten. Demjenigen wird es schwerfallen, sich im lebendigen Fluss des Lebens wohl zu fühlen, der sich innerlich verschlossen und verhärtet hat: »Weichheit und Zartheit sind die Gefährten des Lebens«, meinte Laotse.[183] Auf die Frage, welche Förderung seinem Sohne aus der Bildung erwachsen werde, antwortete der griechische Philosoph Aristippos: »Wenn auch sonst keine, so doch wenigstens die, dass er im Theater nicht dasitzen wird wie ein Stein auf dem anderen.«[184] Ein wirklich gebildeter Mensch, und das heißt für die Griechen stets der philosophisch gesinnte, verständige, »weise« Mensch, ist neugierig, aufgeschlossen und lernbereit. Für sie war die Überheblichkeit häufig der Beginn des Endes: »Übermut sendet ein Gott als erstes Übel dem Manne, den von der Höhe in's Nichts er zu verstoßen gewillt«, dichtete Theognis.[185]

Diese Auffassung war damals Allgemeingut (und wurde dennoch häufig missachtet). Eine hübsche Geschichte zu den negativen Wirkungen eitler Hochmütigkeit erzählt der chinesische Philosoph Liezi. In einem Ort gab es zwei Frauen, die eine war hässlich, aber verehrt, die andere schön, aber verachtet. Meister Yang fragte nach dem Grund und erhielt zur Antwort. »Die Schöne hält sich selber für schön, darum weiß ich von ihrer Schönheit nichts. Die Hässliche hält sich selber für hässlich, darum weiß ich von ihrer Hässlichkeit nichts.«[186] Wir haben hier den gleichen Gedanken wie bei dem Orakel des Sokrates: Er ist der Weiseste, weil er von seiner Weisheit nichts zu wissen scheint. Die Eingebildetheit der Schönen zerstört die Schönheit ihres äußeren Erscheinungsbildes von innen her, während das freimütige Eingeständnis der Hässlichen ihre Hässlichkeit vergessen lässt.

Hochmut verleitet zur Selbstüberschätzung, die deshalb häufig zum Scheitern führt, weil wir uns mehr zumuten, als wir zu leisten imstande sind. Sie ist der Gegensatz zu einer angemessenen Selbsterkenntnis, denn diese gesteht sich ehrlich ein, was wir nicht können, und meidet, was die Grenze unserer Leistungsfähigkeit übersteigt. Die vielen »Managerkrankheiten« können auch aufgefasst werden als Folgen solcher Selbstüberschätzung und mangelhafter Selbsterkenntnis. Zwar bewältigen wir meistens die gestellten Aufgaben, aber nur mithilfe von 14-Stunden-Tagen, Nachtschichten oder Wochenendarbeit. Das kann lange »gut« gehen, wenn wir von inneren oder familiären Spannungen und Vernachlässigungen einmal absehen. Aber wir muten uns Anstrengungen und Belastungen zu, denen wir auf Dauer nicht gewachsen sind. So kommt der Tag, an dem Geist und Körper, nachdem wir zahlreiche Warnsignale achtlos überhört haben, die Gefolgschaft radikal verweigern. Die Hybris ist eine Überschreitung des rechten Maßes:

Wer wohlgemut leben will, ... darf seine eigene Kraft und Begabung nicht übersteigen. Er muss besonders scharf auf der Hut sein ..., wenn das Glück über ihn kommt, und ... nichts anfassen, was über seine Kräfte geht.[187] (Demokrit)

Konfuzius hörte einmal, wie ein Kanzler im alten China sagte: »An einem Morgen zwei Städte zu unterwerfen macht mich besorgt, dass uns der Untergang droht.« Konfuzius lobte die Äußerung: »Den Sieg zu erringen ist nicht schwer, ihn festzuhalten ist schwer ... Darum, wer tüchtig ist im Festhalten des Sieges, hält seine Stärke für Schwäche.«[188] Nur der vermag das Erlangte festzuhalten, der seine Fähigkeiten nicht überschätzt und sich auf seine

Stärken nichts einbildet. Die Worte »Stärke für eine Schwäche halten« mahnen daher zur Vorsicht:

Als Konfuzius die Hauptstadt von Dschou besah, da ging er in den Tempel des Ahnherrn Hou Dsi. Vor den rechten Stufen der Tempelhalle stand ein goldener Mann, der hatte mit drei Nadeln den Mund verschlossen. Auf seiner Rückseite stand folgende Inschrift:
»… Im Glück und Frieden vergesst die Vorsicht nicht. … Stets Vorsicht üben können ist die Wurzel jeden Glückes.«[189]

Viele Beispiele aus der jüngeren Wirtschaftsgeschichte lassen sich auf eine solche Überschätzung der eigenen Fähigkeiten zurückführen. Der Zusammenbruch der »New Economy«, der Börsensturz, die Bankenkrise, der tiefe Fall so mancher Wirtschaftsbosse und zahlreicher Anlageberater, Broker und Banker – immer wiederholt sich der gleiche Sachverhalt: Der Mensch überschreitet eine Grenze, nach der sein Erfolg in Misserfolg umschlägt. »Stolz und Hochmut ist das Verderben ihrer Besitzer«, heißt es in einem alten ägyptischen Text; und weiter: »Wer sein Herz selbst erkennt, den kennt das Glück.«[190] Überheblichkeit führt regelmäßig ins Unglück, richtige Selbsteinschätzung regelmäßig zum Gelingen. Zur Überheblichkeit erzählt der chinesische Philosoph Zhuangzi folgende etwas bizarr anmutende Geschichte: Der König Wu …

… erstieg den Affenberg. Als die Affen ihn sahen, erschraken sie, ließen alles liegen und flohen und versteckten sich im dichten Gestrüpp. Nur ein Affe war da, der

war ganz unbekümmert, kletterte umher und zeigte dem König seine Geschicklichkeit. Der König schoss nach ihm, aber mit einer geschickten Bewegung ergriff der Affe den schnellen Pfeil. Da befahl der König seinen Dienern, ihn mit Pfeilen zu überschütten, und das Ergebnis war, dass der Affe tot geschossen wurde. Daraufhin sagte der König Wu: *»Dieser Affe brüstete sich mit seiner Geschicklichkeit und verließ sich auf seine Gewandtheit und glaubte mich verhöhnen zu können. Darum ist dieses Unheil über ihn gekommen. Lass dir's zur Warnung dienen! Erhebe dich nie um äußerer Dinge willen über andere Menschen!«* [191]

Mit »äußere Dinge« sind hier auch geistige oder körperliche Fähigkeiten gemeint. Weder auf solche Fähigkeiten noch auf äußere Güter sollen wir uns etwas einbilden.

Die Griechen bevorzugten statt Geschichten die prägnante Zuspitzung: »Erkenne die Schranken, die dir gesetzt sind!«[192], formulierte Solon. »Übermut muss man noch mehr dämpfen als Feuersbrunst.«[193] (Heraklit)

Zurückhaltung und eine kritische Einschätzung der eigenen Kenntnisse und Fähigkeiten sollten nicht verwechselt werden mit zögerlichem Selbstzweifel, Mutlosigkeit und Passivität. Das als richtig Erkannte sollen wir den Denkern der Antike zufolge entschlossen und konsequent tun: »Wir lieben die Weisheit, ohne zu verweichlichen«, meinte Perikles.[194] Aber alles Handeln sollte begleitet sein von einem gesunden Zweifel, von einer neugierigen Offenheit und der Bereitschaft, jederzeit eine frühere Entscheidung zu korrigieren, wenn es die bessere Erkenntnis erfordert. Vor allem in China betonte das antike Weisheitsdenken immer wieder die Wichtigkeit von

Weichheit, Flexibilität und Anpassung im täglichen Leben: »Der Welt Allerweichstes überwindet der Welt Allerhärtestes«, heißt es etwa bei Laotse.[195]

PERLEN DER WEISHEIT

Ich glaube, viele hätten zur Weisheit gelangen können, wenn sie nicht geglaubt hätten, sie hätten sie schon erreicht, und wenn sie sich nicht manche Fehler selbst verhehlt hätten, manche auch mit offenen Augen übersehen hätten. Denn man glaube ja nicht, es sei mehr fremde Schmeichelei als unsere eigene, die uns zugrunde richtet. Wer wagt es, sich selbst die Wahrheit zu sagen?[196]
Seneca

MERKSATZ

Der Weise bildet sich auf sein Wissen und seine Fähigkeiten nichts ein und lernt stets dazu.

DER WAGENLENKER

Von seinen eigenen Zügeln
gelenkt zu werden, ist Freiheit.[197]
Boethius

In den bisherigen Abschnitten war viel von Selbsterkenntnis und Persönlichkeitsentwicklung die Rede. Was ist darunter konkret zu verstehen? Was genau soll erkannt und entwickelt werden? Wie ist dieses Entwickeln der Persönlichkeit in die Praxis umzusetzen? Was hat das antike Weisheitsdenken unter Persönlichkeitsentwicklung verstanden, und was können wir für unser tägliches Leben daraus lernen?

Was finden wir eigentlich, wenn wir uns selbst erforschen, wie es Sokrates so eindringlich gefordert hat? Die alten Inder meinten: Alles! »Tat tvam asi« (Das bist Du!), sagten sie und meinten mit dem »Das« schlechthin alles: unser Gegenüber, die Dinge, die Welt. Wir können in uns alles wiederfinden, was uns umgibt, und umgekehrt: In allem, was uns umgibt, können wir uns selbst wiederfinden. Auch die Chinesen kannten diesen Gedanken: »Wer sich selbst kennt, ist weise«, sagte Laotse, »ohne aus der Tür zu gehen, kennt er die Welt.«[198] Es ist erstaunlich, welchen Gewinn an Welt- und Menschenkenntnis es mit sich bringt, wenn wir uns selbst besser kennen. Das »Erkenne dich selbst!« des Sokrates ist daher gleichsam der Ausgangspunkt der Philosophie schlechthin, also des

Versuchs, über das Ich mithilfe vertiefter Selbsterkenntnis die Welt und die menschlichen Dinge besser zu verstehen.

Dass wir in uns »alles« und die »Welt« finden können, ist allerdings recht unbestimmt und vage. Konkreter und anschaulicher wird Platon. Wenn wir in das Innere unserer Seele schauen, meinte er, werden wir ein »vielköpfiges Ungeheuer« finden. Denn nichts anderem gleiche die eigene Seele: Sie habe die ...

> ... Gestalt eines mannigfach zusammengesetzten und vielköpfigen Ungeheuers, das rundum Köpfe von teils zahmen, teils wilden Tieren hat, dabei im Stande ist, sich in alle diese Tiere zu verwandeln und auch alle diese Tiere aus sich zu erzeugen.[199]

Mit »Ungeheuer« hatte er vor allem maßlose Leidenschaften im Auge, wie die Gier nach Macht, Ruhm, Ansehen, Erfolg, Sex, Geld, Reichtum. Aber auch alle anderen Bestandteile des Ichs waren gemeint: Begabungen, Wünsche, Wertungen, Zu- und Abneigungen, Liebe, das Bedürfnis nach Sicherheit und Geborgenheit, Ängste, Neid, Zorn, Hass, unbewusste Prägungen usw. Alles das sind innere Kräfte, die unser Denken, Fühlen und Handeln bestimmen und die in ihrer Gesamtheit unser geistig-seelisches Sein ausmachen.

Aber noch etwas findet sich in der Seele: »Glück und Unglück«, wie es der griechische Philosoph Demokrit kurz und bündig auf den Punkt brachte. In dieser seinerzeit verbreiteten Ansicht erreichte das antike Weisheitswissen in West und Ost einen seiner Höhepunkte. Mit dem »Glück« ist nun allerdings die Büchse der Pandora aufgemacht, und wenn wir sie nicht schnell wieder schließen, kommen wir nicht zum Ende. Im Folgenden sei daher versucht, einige wesentliche Grundgedanken der Alten zu Glück und Unglück zu skizzieren, damit verständlich wird, wie sich die Denker der Antike ein gelungenes Leben vorgestellt haben. Dann wird deutlich, worauf Platon mit seinem Bild von der Seele als »vielköpfigem Ungeheuer« hinauswollte.

Die meisten Weisen des Altertums meinten, das wichtigste Ziel der Persönlichkeitsentwicklung sei die »Seelenruhe« (»Seelenfrieden«, »Gemütsruhe«, »Wohlgemutheit«), wir würden heute sagen: »innere Ausgeglichenheit«. Darunter verstanden sie eine Harmonie der inneren Kräfte oder, mit den Worten des Aristoteles, eine »Übereinstimmung mit sich selbst«[200].

Aufgabe der Selbsterkenntnis und Persönlichkeitsentwicklung war es demnach, die Konstellation der seelischen Kräfte und Veranlagungen, die bei jedem Einzelnen anders gelagert ist, zu erkennen und das äußere wie innere Leben darauf abzustimmen. Platon nannte das einmal: »sein Haus bestellen«. Wir sollen darum bemüht sein, unseren verschiedenen Bedürfnissen »gerecht« zu werden, unseren Begabungen nachzugehen, ohne dabei wesentliche andere Wünsche und Sehnsüchte zu unterdrücken oder zu vernachlässigen. Wir sollen den »goldenen Schnitt« unserer inneren Kräfte finden. Das wird uns nur gelingen, wenn wir verhindern, dass eine dieser Kräfte so dominant wird, dass sie alle anderen unterdrückt. Denn, wie Platon sagte, jedes Haupt dieses »vielköpfigen Ungeheuers«, d. h. jede Leidenschaft, jedes Bedürfnis sei imstande, sich zum Herrn über das Ganze aufzuschwingen. »Nichts zu sehr!«, war eine der zentralen Spruchweisheiten der Griechen, »Maß und Mitte bewahren«[201], empfahl Konfuzius.

Gelingt uns dieses Mäßigen und Zügeln übermächtiger Bedürfnisse nicht, so kommt es zwangsläufig zu Einseitigkeiten und zu einer Vernachlässigung wichtiger anderer Wünsche und Sehnsüchte. In der Folge sind wir unausgeglichen. Wir leben eine Monokultur, die, was der Landwirt weiß, jeden Boden allmählich auszehrt und unfruchtbar macht. Ausgeglichen leben und sich selbst gerecht werden bedeutet, möglichst ganzheitlich zu leben:

»Das ist die Hauptquelle unserer Fehler«, meinte Seneca, »dass wir alle bei unseren Entschließungen das Leben immer nur stückweise in Betracht ziehen, niemals das Ganze.«[202]

Verallgemeinernd kann gesagt werden, dass zahlreiche der heute weit verbreiteten Krankheiten wie Bluthochdruck, Schlafstörungen, Rückenprobleme, Magen-Darm-Probleme, Angstzustände, Depressionen, Burn-out, Herzinfarkt usw. auf derartige Einseitigkeiten zurückgeführt werden können, also auf innere Unausgeglichenheiten und Disharmonien. Je mehr es uns umgekehrt gelingt, unseren unterschiedlichen Bedürfnissen in einem ausgewogenen Verhältnis nachzukommen, umso besser fühlen wir uns, umso mehr Kraft, Energie, Widerstandsfähigkeit und Gelassenheit gewinnen wir.

Es erübrigt sich, das Gemeinte durch Beispiele zu veranschaulichen. Jeder kennt die Zielkonflikte zwischen Arbeit, gesellschaftlichen Verpflichtungen, Familie, Hobbys, Urlaub, Freizeit etc. Häufig opfern wir dem beruflichen Erfolg, dem Ehrgeiz, dem Geld, der Macht oder dem gesellschaftlichen Ansehen viele unserer anderen

Interessen, die wir am Ende nicht einmal mehr wahrnehmen. Über permanenter Geschäftigkeit verlieren wir uns selbst aus den Augen:

Herzog Ai fragte den Meister Kung (Konfuzius) und sprach: »Ich habe von einem Menschen gehört, der so vergesslich war, dass er bei einem Umzug seine Frau vergaß. Ist so etwas möglich?«
Meister Kung erwiderte: »Das ist noch nicht die schlimmste Vergesslichkeit. Am schlimmsten ist, wenn man sich selbst vergisst.«[203]

Würden wir in einem Fitnesszentrum über Jahre hinweg jeden Tag acht Stunden und mehr die Muskeln der Oberarme trainieren und nur einmal im Jahr für zwei Wochen noch ein paar andere Muskeln, hielte das niemand für ein ausgeglichenes Körpertraining oder für gesund. Aber im Hinblick auf unsere geistig-seelischen Kräfte scheinen wir es so zu machen. Jedenfalls bei denen, die Arbeit haben, dominiert diese häufig alles andere.

Als Sokrates einmal seinen Freunden sagte, er wolle tanzen lernen, lachten diese:

Aber Sokrates fragte mit tiefernster Miene: Lacht ihr über mich? Etwa darum, weil ich mit dieser Turnerei meine Gesundheit pflegen und mit mehr Genuss essen und schlafen möchte? Oder weil ich gerade auf solche Übungen aus bin, von denen mir nicht wie den Dauerläufern die Schenkel dick werden, aber die Schultern schmal, auch nicht, wie den Faustkämpfern, die Schultern fest, aber die Schenkel dünn, sondern [die] mir den ganzen Körper durcharbeiten und alles ins Gleichge-

wicht bringen? ... Oder ist es zum Lachen, dass ich meinen Bauch, der das Maß überschritten hat, etwas bescheidener machen möchte?[204]

Was Platon ein »Sich-selbst-gerecht-Werden« nannte, heißt heute eine gelungene »Work-Life-Balance«. Es geht um ein reicheres, ganzheitliches Leben. Es mag verwundern, wie alt dieser Gedanke der Sache nach ist. Er gehörte zum festen Bestand des antiken Weisheitsdenkens.

Wie stellen wir dieses ausgewogene Verhältnis unserer inneren Kräfte her? Platon, der stets in Bildern dachte, griff zur Veranschaulichung der damit aufgeworfenen Frage zu dem Bild eines Wagenlenkers, seinerzeit noch von Pferden gezogen, meistens von zwei oder vier. Bei allen sportlichen Wettkämpfen des Altertums war das Wagenrennen der Höhepunkt. Es stellte eine der ältesten olympischen Disziplinen dar. Für Platon glich die menschliche Vernunft, d. h. die Fähigkeit zur bewussten Lebensgestaltung, dem Wagenlenker und die verschiedenen Seelenkräfte den Pferden, deren es also eigentlich noch viel mehr gibt als zwei oder vier. Für den Wagenlenker sei es nun von entscheidender Bedeutung, dass er den Charakter der einzelnen Pferde so genau wie möglich kennt, sprich: unsere individuellen Stärken und Schwächen. Nur so wisse er, welches Pferd er wann zügeln und welches er wann antreiben müsse, damit die Pferde harmonisch im Gleichschritt laufen. Nur wenn ihm dies gelinge, komme der Wagen schnell und sicher ans Ziel, mit anderen Worten: Wir führen dann das Leben, das wir uns vorgestellt haben.

Je besser wir diese »Kunst des Wagenlenkens« beherrschen, umso mehr werden wir uns selbst gerecht, runde sich unsere Persönlichkeit ab, gewinnen wir Selbstbewusstsein, Stabilität, Ausgeglichenheit, Stärke und Kraft. Platon schlachtet das Bild weidlich aus und bemerkt, dass die Pferde auch ausruhen müssen, dass sie zur rechten Zeit die richtige Nahrung und Pflege erhalten müssen, kurz: Sie müssen ständig betreut und umsorgt werden. Im übertragenen Sinne haben wir hier die Selbstsorge, die »Fürsorge für die Seele«[205], die Sorge für unsere Bedürfnisse und Sehnsüchte, zu der uns Platon, Sokrates und alle Weisen des Altertums aufrufen:

Daher haben wir denn mehr als einmal es ausgesprochen, dass die Sorge um Hab und Gut in unserer Schätzung den letzten Platz einnehmen müsse. Denn mit den drei überhaupt vorhandenen Arten von Gütern, um die jeder Mensch sich bemüht, steht es so, dass die Sorge um Hab und Gut, richtig verstanden, erst an letzter und dritter Stelle steht, die um den Körper an mittlerer Stelle und die um die Seele an erster Stelle.[206]

Es kann als Beleg für die Plausibilität und Angemessenheit des Bildes vom Wagenlenker zur Beschreibung einer weisen Lebensführung angesehen werden, dass sich das gleiche Bild mit einer ganz ähnlichen Bedeutung auch in alten indischen Schriften und bei den Chinesen findet. Dort dürfte es unabhängig voneinander entwickelt worden sein, denn zu dieser Zeit hat es – wenn überhaupt – nur wenig geistigen Austausch zwischen diesen Kulturen gegeben. So heißt es im chinesischen »Buch der Riten, Sitten und Gebräuche« im Hinblick auf die Staatsführung und – wie bei Platon – übertragbar auf die persönliche Lebensführung:

Ein guter Lenker ordnet seine Haltung und fasst die Zügel zusammen, bringt die Kraft der Pferde ins Gleichgewicht und den Willen der Pferde in Harmonie, und das Gespann geht nur dahin, wohin er es lenkt. Und wenn er auch einen langen Weg nimmt und eine weite Reise macht, er kommt an, und er kann sie lenken, so schnell er will.[207]

In den Upanishaden lehrt der personifizierte Tod dem Brahmanen Naciketas:

Ein Wagenfahrer ist, wisse,
Der Âtman (Seele), Wagen ist der Leib,
Den Wagen lenkend ist Buddhi (Vernunft),
Manas (Verstand), wisse, der Zügel ist.

Die Sinne, heißt es, sind Rosse,
Die Sinnendinge ihre Bahn;
Aus Âtman, Sinnen und Manas
Das Gefügte »Genießer« heißt.

Wer nun besinnungslos hinlebt,
Den Manaszügel ungespannt,
Des Sinne sind unbotmäßig,
Wie schlechte Rosse ihrem Herrn.

Doch wer besonnen stets hinlebt,
Den Manaszügel wohlgespannt,
Des Sinne bleiben botmäßig (gehorsam),
Wie gute Rosse ihrem Herrn.

Wer mit Besonnenheit lenkte,
Mit Manas zügelnd sein Gespann,

Der Mann erreicht des Wegs Endziel,
Dort, wo des Visnu höchster Schritt.[208]

Nicht der zügellose Sinnenmensch, sondern der Besonnene und Maßvolle wird hier als der wahre »Genießer« bezeichnet. Mit »Visnus höchster Schritt« ist der Aufenthaltsort der Seligen gemeint, der Ort, wo die Glücklichen leben. Ein besonnenes und ausgewogenes Leben führe zum Glück, denn nur derjenige vermag die sinnlichen Freuden wahrhaft und ohne Reue zu genießen, der sie maßvoll genieße.

Nun bemerkte bereits Platon, dass diese »Kunst des Wagenlenkens«, die nichts anderes ist als Lebenskunst[209], sehr schwierig ist. Neben der Fähigkeit zu aufrichtiger Selbsterkenntnis bedarf es eines Höchstmaßes an Selbstdisziplin.

Der Muskel, den wir hier trainieren müssen, ist neben der Einsicht vor allem die Selbstbeherrschung, einer der zentralen Begriffe antiker Lebensweisheit. Darunter verstanden die Alten keineswegs ein rigides Unterdrücken von Bedürfnissen, schon gar nicht die lebenszugewandten, sinnenfreudigen Griechen. Gemeint war vielmehr ein ausgewogenes Steuern und Ausbalancieren unserer alltäglichen Bedürfnisse. Die Selbstbeherrschung ist der feste Griff der Zügel, sei es zum Bremsen oder zum Antreiben unserer Rösser, sprich: unserer inneren Kräfte. Ist der Muskel der Selbstbeherrschung schwach, sollten wir uns fragen, warum das so ist. Die Gründe liegen immer in uns selbst.

Besonders die alten Inder waren es, die all die unbewussten emotionalen Widerstände und Selbsttäuschungen, die Trägheiten und Bequemlichkeiten aufzudecken versuchten, die sich einer bewussten, selbstbeherrschten Lebensführung immer wieder in den Weg stellen. Das soll hier nicht näher ausgeführt werden. Es genügt, wenn verständlich geworden ist, welche Bedeutung der Selbsterkenntnis und dem bewussten, zielgerichteten Umgang mit unseren »Seelenkräften« für die Aufgabe einer gelungenen Lebensführung und Persönlichkeitsentwicklung zukommt.

PERLEN DER WEISHEIT

Da kommt es ihr (der Denkkraft) zu, nunmehr wie ein Wagenlenker das Gespann der zusammen aufgewachsenen Rosse, der Begierde und des Gefühls, zu regieren und zu beherrschen. Sie sollen weder zu stark noch zu schwach, weder zu langsam noch zu stürmisch, nicht unfolgsam, zügellos und übermütig, sondern willig werden, in allem dem vernünftigen Denken zu folgen und zu gehorchen. Die Erziehung hierzu und die sittliche Tüchtigkeit beruht auf der Erkenntnis der Natur der Dinge wie die des Wagenlenkers auf der Theorie des Wagenlenkens. Denn in den unvernünftigen Kräften der Seele kann kein Wissen entstehen, sowenig als in den Rossen, sondern diesen wird die ihnen eigene Tüchtigkeit durch eine Art unbewusster Gewöhnung zuteil, dem Wagenlenker dagegen durch vernünftige Belehrung.[210]

Poseidonios

MERKSATZ

Der Weise vermeidet Einseitigkeit und
bemüht sich um eine ausgeglichene Befriedigung
seiner verschiedenen Bedürfnisse.

DAS RECHTE MASS

*Maß und Mitte bewahren –
das ist die höchste Weisheit.*[211]
Konfuzius

Wir haben gesehen, dass es nach der antiken Weisheitslehre bei der Entwicklung der eigenen Persönlichkeit entscheidend darauf ankommt, die unterschiedlichen seelischen Kräfte und Bedürfnisse in ein ausgewogenes Verhältnis zu bringen. Damit können wir aber erst beginnen, wenn wir diese »Seelenteile« und ihre Bedeutung für unsere Persönlichkeit erkannt haben (Selbsterkenntnis). Da unsere Gene und unsere jeweilige Sozialisation wesentlich bestimmen, was für innere Kräfte, Talente, Eigenschaften und Wünsche in uns stecken und welche Bedeutung sie für uns haben, lassen sich nur schwer allgemeine Aussagen darüber treffen. Am Ende muss jeder selbst »seine Mitte« finden. Jeder muss für sich erkennen, was für ihn wichtig und was weniger wichtig ist.

Wie schon Aristoteles hervorhob, ist hier jeder »auf sich selbst gestellt« und entscheidet eigenverantwortlich, wie, auf welche Weise und in welchem Maß er seinen unterschiedlichen Bedürfnissen nachkommt.[212] Wir selbst legen unsere Lebensziele und deren Gewichtung fest. Wir nehmen uns Zeit für bestimmte Dinge, für andere nicht. »Zeitmanagement« nennen wir das heute. Das tun wir bewusst oder unbewusst in jedem Augenblick, ob wir wollen oder nicht. Ständig verhalten wir uns zu uns selbst. Leben ist Zeitmanagement. Was wir hier von der Weisheit der Alten lernen können, ist, dass unsere Persönlichkeit wächst, stärker und zufriedener wird, je angemessener wir unseren inneren Bedürfnissen nachkommen, je »gerechter« wir uns selbst werden, je mehr »wir werden, was wir sind«, wie eine berühmte Formulierung des griechischen Dichters Pindar lautete.[213]

In diesem Zusammenhang gilt es, einen weiteren Gesichtspunkt zu erörtern, der für das antike Weisheitsdenken von großer Bedeutung war. Wenn wir in all unserem Handeln und Entscheiden den besten Ausgleich zwischen unseren unterschiedlichen Zielen, Werten und Interessen suchen sollen, so wird die Frage nach dem »rechten Maß« entscheidend. Daher verwundert es nicht, dass für das antike Weisheitsdenken in West und Ost das rechte Maß eine fundamentale Kategorie für die erfolgreiche Ordnung und Führung des eigenen Lebens war. Sie war die Grundlage einer gelungenen Persönlichkeitsbildung. »Maß und Mitte« hieß ein zentrales Kapitel in dem »Buch der Riten, Sitten und Gebräuche«, einer der kanonischen Schriften der Chinesen. »Nichts im Übermaß!« stand am Anfang des griechischen Weisheitsdenkens. Der Gedanke des rechten Maßes hatte im alten Griechenland seinen Ursprung in einfachen Gesundheitsregeln und wurde als »Besonnenheit« zu einer allgemein anerkannten Grundtugend. »Besonnenheit« hieß bei den Griechen »sophrosyne«, was auf das Verb »sophronein« zurückgeht. »Sophronein« bedeutet so viel wie »gesund denken«[214], ein treffender Ausdruck für das Weisheitsdenken schlechthin. Gemeint war damit zunächst aber, dass wir nichts übertreiben und jedes »Zuviel« und »Zuwenig« vermeiden sollen:

> *»Denn Mangel und Überfluss pflegen umzuschlagen und Erschütterungen in der Seele zu verursachen«*, sagte der griechische Philosoph Demokrit. *»Man muss daher seinen Sinn auf das Erreichbare richten und sich an dem Vorhandenen genügen lassen, dagegen sich um die vielbeneideten und bewunderten [Menschen] wenig kümmern und sich mit ihnen in Gedanken nicht beschäftigen … Wenn man auf diesem Standpunkt beharrt, wird man wohlgemut leben und nicht wenige Dämonen aus seiner Seele verjagen: Neid, Eifersucht und Hass.«*[215]

Über das Zuviel hatten wir bereits in dem Kapitel über die Hybris gesprochen. Häufig entstehen und wachsen Selbstüberheblichkeit und Übermut in längeren Phasen äußeren Glücks, überschreiten dann aber im Streben nach mehr das rechte Maß und führen zum Scheitern. Daher mahnte der griechische Dichter Pindar:

Dem Gewinn ein Maß zu setzen tut not.[216]

Er brachte damit eine der Grundanschauungen der Griechen auf den Punkt. Die Schwäche des Menschen war ihm aber nicht unbekannt, und so heißt es weiter: »Doch heftiger stachelt die Torheit uns, das Unerreichbare sehnend zu wünschen.« Es ist schwer, die übermütigen Rosse unseres Seelenwagens zu bändigen und sich »weise« ein Maß zu setzen. Wer die Idee des grenzenlosen Wachstums so verinnerlicht hat, dass er kein Limit kennt, der hat kein Auge mehr für das rechte Maß, er ist maßlos. Das Wissen um die Grenzen jeglichen Wachstums mag bei einigen noch vorhanden sein, aber die notwendigen Konsequenzen daraus zu ziehen scheint nur wenigen zu gelingen. Das Wissen ist nicht »eintrainiert«, ist nicht zu einer verinnerlichten Lebensweisheit geworden und meldet sich nicht, wenn wir es am dringendsten brauchen, nämlich wenn wir Gefahr laufen, das Maß zu überschreiten. Berauscht vom Erfolg überschreiten wir die Grenze, und das Glück schlägt in Unglück um.

Außer einem vertieften, stets präsenten Wissen bedarf es der Entschlossenheit, des Mutes und der Kraft, dieses Wissen im rechten Moment auch umzusetzen und »dem Glück ein Maß zu setzen«. Die Griechen nannten es Selbstbeherrschung. Auch das ist mit dem griechischen Wort »sophrosyne« gemeint: Besonnenheit, Mäßigung, Selbstbeherrschung. Sie ist der Muskel der weisen Lebensführung. Um diesen Muskel zu trainieren und die Sensibilität für das rechte Maß stets wach zu halten, empfahl Sokrates einmal, man solle sich angewöhnen, mit dem Essen aufzuhören, bevor man satt ist.

Geht es ums Maßhalten, sollte auch die Kehrseite betrachtet werden, denn ebenso schädlich wie das Übermaß ist das Untermaß. Wird Wichtiges vernachlässigt oder fehlt es an Mut und Entschlossenheit, Kraft und Beharrlichkeit, das eigene Potenzial auszuschöpfen, so rächt sich eine solche Vernachlässigung über kurz oder lang. Das »rechte Maß« zu wahren bedeutet daher auch, vorhandene Begabungen und Bedürfnisse wahrzunehmen und auszuleben. Wir leiden genauso häufig darunter, dass wir etwas übertreiben, wie darunter, dass uns die eigene Trägheit oder Angst daran hindert, unseren innersten Bedürfnissen zu folgen und ganz der zu werden, der wir sind. Schon bei Homer bedeutete »gut« sein, das, was man ist und sein möchte, tatsächlich und vollkommen zu sein.[217] Und Platon meinte: »Du brauchst nur dein eigenes Wesen voll zu entwickeln«, so wirst du glücklich sein.[218]

Das richtige Maß zu treffen nannte Platon schlicht »Messkunst«, denn es gehe darum, zu ermessen, ob uns eine Handlung oder Entscheidung auf Dauer gesehen mehr Freude oder mehr Kummer einbringe. In dem Ausdruck »Messkunst« klingt an, dass neben der Einsicht und der Fähigkeit zur Umsetzung auch eine dem Künstlerischen verwandte intuitive Fertigkeit gehört, um jeweils das rechte Maß zu treffen. Sehr aufschlussreich sind in diesem Zusammenhang die Bemerkungen des Aristoteles zur »goldenen Mitte«, mit denen er wiederholt dazu mahnte, die Extreme des Zuviel und Zuwenig zu vermeiden. Die Mitte sei nicht identisch mit der arithmetischen Mitte, denn man habe stets zu berücksichtigen, welche Bedeutung ein Verhalten, ein Wert oder ein Gegenstand für den Einzelnen habe. Das könne individuell unterschiedlich sein. Für den einen mag das berufliche Fortkommen von wesentlich größerer Bedeutung sein als das Familienleben, während es für einen anderen genau umgekehrt ist. Nun wäre es für beide schlecht, das jeweils weniger Bedeutende ganz zu vernachlässigen, um sich ausschließlich dem für sie Wichtigeren zu widmen (»Nichts zu sehr!«). Aber die »goldene Mitte« eines angemessenen Ausgleichs wird bei dem einen woanders liegen als bei dem anderen. Der chinesische Philosoph Menzius, einer der bedeutendsten Nachfolger des Konfuzius, hat es einmal so ausgedrückt: »Sich an den Mittelweg halten, kommt ja der Wahrheit näher. Aber wenn man sich nur an den Mittelweg hält ohne eigenes Urteil, so ist das auch Einseitigkeit.«[219]

Bei der »Messkunst« gilt es im Wesentlichen, zwei Aufgaben möglichst gut zu meistern: So sollten wir uns die Wichtigkeit eines Bedürfnisses, Zieles oder Wertes nicht nur bewusst machen, sondern auch bestimmen, welche Bedeutung das jeweilige Bedürfnis oder Ziel gerade für uns hat. Hier ist wieder unsere Selbsterkenntnis gefragt. Zum anderen gilt es, den richtigen Ausgleich zwischen den unterschiedlichen konkurrierenden Bedürfnissen, Zielen oder Werten zu finden, eine Aufgabe, die eher die praktische Umsetzung betrifft. Die verschiedenen Kräfte in uns haben jedoch die Tendenz, sich zum Herrn der Seele aufzuschwingen und die anderen Kräfte zu unterdrücken. Daher laufen wir stets Gefahr, uns in der Bestimmung dessen, was uns wichtig ist, zu täuschen. Sehr treffend drückt es der chinesische Philosoph Xunzi aus:

Darum muss der Mensch bei allem, was er tut, immer und überall zu wägen wissen, als trüge er eine Waage bei sich. Ist die Waage ungenau (mangelnde Selbsterkenntnis), so mag die Seite, wo Schweres hängt, emporschnellen, so dass man meinen könnte, es sei leicht, indes die Seite, wo Leichtes hängt, hinabsinkt, so dass man es für gewichtig hält. So täuscht sich der Mensch im Hinblick auf das Gewicht der Dinge. Ist aber die Waage des wägenden Verstandes ungenau, so mag sich sehr wohl hinter dem wünschenswert Erscheinenden Unheil verbergen und doch für ein Glück gehalten werden; und ebenso mag sich hinter verabscheuungswürdig Erscheinendem Glück verbergen, indes man Unheil darin wit-

tert. So täuscht sich der Mensch im Hinblick auf Glück und Unheil.[220]

Dass wir »immer und überall« eine innere Waage bei uns haben sollten, deutet an, dass sich das Maßhalten nicht nur auf Fragen des seelischen Gleichgewichts, sondern auch auf das körperliche Wohlbefinden bezieht. Beim Essen und Trinken, bei Sport und Schlaf, bei Bewegung und Ruhe, bei Anspannung und Entspannung – für alles gibt es ein Zuwenig und ein Zuviel. Wer hier die richtige Mitte findet, wird sich in seinem Körper wohl fühlen. Dass dies wiederum eine positive Wirkung auf das seelische Wohlbefinden hat, hat bereits Sokrates festgestellt:

> *Sei dir also bewusst, dass du weder in deinem Kampf noch sonst bei einer Tätigkeit Nachteile haben wirst, wenn du den Körper besser geübt hast. Denn bei allem, was die Menschen treiben, spielt der Körper eine Rolle. Wo man ihn braucht, kommt es sehr darauf an, dass man ihn im besten Zustand hat. Wer weiß nicht, dass auch beim Denken, wo der Körper doch scheinbar nur ganz wenig vonnöten ist, nur deshalb viele schwer in die Irre gehen, weil dieser nicht gesund ist? Auch Vergesslichkeit, Mutlosigkeit, schlechte Laune und Wahnsinn überfallen das Denkvermögen von vielen wegen des schlechten Zustandes ihres Körpers, so dass sie sogar feste Kenntnisse verlieren. Wenn der Körper aber in Ordnung ist, dann kann man ganz ruhig sein, und es besteht zum mindesten keine Gefahr, seinetwegen etwas Derartiges zu erleiden. Es ist vielmehr ganz natürlich, dass ein gut geübter Körper für die gegenteilige Wirkung sorgt.*[221]

Zur Universalität des »richtigen Maßes« im Weisheitsdenken der Antike ließen sich noch viele Belege anführen. Doch ist erst einmal der Blick für die Weisheitsregel geschärft, ist ein wesentlicher Schritt bereits getan. Und was oben über den »richtigen Zeitpunkt« gesagt wurde, gilt ebenso für das »richtige Maß«: Zufriedenheit und Unzufriedenheit, Ausgeglichenheit und innere Unruhe, Erfolg und Misserfolg haben wesentlich damit zu tun, dass wir mit unseren Entscheidungen und Handlungen das Zufrüh und Zuspät, das Zuviel und Zuwenig vermeiden. Kaum eine Weisheit dürfte so bekannt sein, aber kaum eine wird so häufig verfehlt. Das hat damit zu tun, dass wir uns über Bedeutung, Ausmaß und Wirkung dieser Lebensregel nicht genügend im Klaren sind und sie nicht kontinuierlich wach und präsent halten. Auch lassen wir es oft an der notwendigen Konsequenz fehlen: »Wer seinem Charakter nicht Dauer gibt, der gerät in Schwierigkeiten.«[222] (Buch der Wandlungen)

PERLEN DER WEISHEIT

Wohlgemutheit erlangen die Menschen durch Maßhalten im Genuss und harmonische Lebensführung.[223]
Demokrit

MERKSATZ

Der Weise vermeidet jedes Zuviel und Zuwenig und hält in allem das richtige Maß.

HARMONIE

*Ein Ellbogen-Mensch wird auch im Grabe
keine Ruhe finden.*[224]
Altes Ägypten

Wir haben in den vorhergehenden Kapiteln gehört, dass die alten Denker der Auffassung waren, unser Wohlbefinden hänge insbesondere davon ab, dass wir im Leben unseren verschiedenen Bedürfnissen gerecht werden. Statt Einseitigkeiten und Übertreibungen empfahlen sie, unseren unterschiedlichen Interessen und Wünschen angemessen Raum und Zeit zu geben (Selbstsorge). Eine solche ausgewogene und ganzheitliche Lebensweise hat viel mit einem Aspekt zu tun, den das antike Weisheitsdenken unter dem Begriff der »Harmonie« behandelte. Für eine gelungene Lebensführung komme der Harmonie eine große Bedeutung zu. Sie steht bei Platon schlechthin für Gesundheit und Freude, während innere Disharmonie zu Leid und Schmerzen führe:

Ich behaupte also, dass, wenn die Harmonie in den lebendigen Wesen sich auflöst, mit diesem Zeitpunkt eine Auflösung des naturgemäßen Zustandes und der Beginn von Schmerzen sich einstellt ... Fügt sie sich aber wieder zusammen und kehrt sie wieder in ihren naturgemäßen Zustand zurück, dann entsteht, wie wir behaupten müssen, Lust ...[225]

Körperliche Gesundheit und Wohlbefinden wurden in der Antike schon früh aufgefasst als ein harmonisches, funktionales Zusammenwirken der Körperteile, Organe, Gewebe, Zellen und körpereigenen Säfte.[226] Diese Vorstellung wurde später auf das Seelenleben übertragen. Glück und Zufriedenheit entstehen nach Platon aus einer Harmonie der »Seelenteile«. Das Glück »beruht auf dem dauernden Wohlgefühl, das aus der inneren Harmonie und der ungestörten Zufriedenheit entspringt«[227]. Für Konfuzius ist »Harmonie und Eintracht«[228] das höchste Ziel des Menschen und Zeichen einer weisen Lebensführung. Im »Buch der Riten, Sitten und Gebräuche« lesen wir:

> *Wenn Heiterkeit, Zorn, Trauer, Freude sich noch nicht geregt haben, nennt man dies Gleichmaß der Mitte. Haben sie sich bereits geregt, doch in dem ihnen jeweils zukommenden Maße, nennt man dies Harmonie. Gleichmaß der Mitte ist die große Wurzel des Alls; Harmonie ist der allgültige Rechte Weg des Alls.*[229]

Für den Zusammenhang von seelischer, kosmischer und natürlicher Ordnung, der hier anklingt und den das altchinesische Denken immer wieder hervorhebt, gibt es auch in der griechischen Mythologie einen Hinweis. Danach ist die Göttin »Harmonia« (die »Vereinigende«) aus der Verbindung des Kriegsgottes Ares mit der Liebesgöttin Aphrodite entstanden. Die Thebaner nannten sie daher eine »zweite Aphrodite« und erzählten, sie sei die Gattin des Kadmos geworden, der ihre Stadt Theben gegründet habe.[230] Theben war die Hauptstadt Böotiens, in dessen Dialekt »Kádmos« als »Kásmos« und das wiederum als »Kósmos« aufgefasst wird.[231]

Eine harmonische Seelenverfassung setzt nicht voraus, dass alle Wünsche und Sehnsüchte befriedigt und die unausweichlichen Widersprüche aufgelöst werden, in die der Mensch hineingeboren wird und immer wieder gerät. Das wird nicht gelingen, zumal die Wünsche und Sehnsüchte nicht selten gegenläufig sind: »... das Selbst ist auch der Feind des Selbst«, heißt es in der indischen Bhagavadgita.[232]

All unsere Wünsche, Sehnsüchte und Bedürfnisse gleichzeitig und vollständig zu erfüllen ist unmöglich. So bleibt uns nichts anderes übrig, als uns mit einer teilweisen Befriedigung zu begnügen und im Übrigen die vorhandenen Gegensätze, Zielkonflikte und Spannungen auszuhalten. Die Erkenntnis, dass wir nie alles erreichen werden, hilft uns, etwaige daraus resultierende negative Auswirkungen auf unser Wohlbefinden zu reduzieren. Seelische Ausgeglichenheit herzustellen ist der ständige Versuch, in unserem Innern ein verträgliches Miteinander der verschiedenen Bedürfnisse herbeizuführen und unsere vielfältigen Seelenkräfte in eine Balance zu bringen. Es ist das tief in uns verankerte Bestreben, harmonisch zu leben.

Dies ist kein bloß innerer Vorgang. Unsere Sehnsüchte und Wünsche wollen gelebt werden. Unser Handeln soll mit den eigenen Vorstellungen in Übereinstimmung gebracht werden. Erst in der Harmonie von innerem und äußerem Leben vollendet sich seelische Ausgeglichenheit: »Der Weise ist bei allem seinem Tun darauf bedacht, dass er mit sich selbst im Einklang bleibt«[233], sagte Konfuzius. Gleiches gilt für das, was wir denken und sagen. Jede Diskrepanz zwischen Denken, Reden und Handeln ist eine Form von Disharmonie, ein Mangel an Authentizität und

Aufrichtigkeit, der über kurz oder lang negative Auswirkungen auf unser Wohlbefinden hat. Ob in kleinen oder großen Dosen – jede Disharmonie führt der Seele ein langsam wirkendes Gift zu, an dem sie im Laufe der Zeit Schaden nimmt. Je größer die Diskrepanz von Denken, Reden und Handeln, umso mehr leidet unser Wohlbefinden. Unser Ziel sei es daher, »einstimmig zu leben«, sagte Zenon.[234] Des Menschen »Höchstmaß« ist der »Gleichklang mit sich selbst«, heißt es bei dem chinesischen Philosophen Liezi.[235]

Harmonie ist letztendlich auch für unser geistig-intellektuelles Leben, für das Erkennen und Verstehen wichtig. Wir streben danach, dass unsere Vorstellungen, die wir von uns selbst, unseren Mitmenschen und der Welt haben, in sich stimmig und miteinander verträglich sind. Daher haben wir einen starken Drang, unsere Vorstellungen, Werte, Erkenntnisse und Anschauungen in Übereinstimmung und in einen sinnvollen Zusammenhang zu bringen, modern gesprochen: in uns »Kohärenz« oder »Kongruenz« herzustellen.[236] Wir leiden unter inneren Widersprüchen und Antinomien, wenn wir diese nicht intellektuell und emotional auflösen können. Eine philosophische Lebensanschauung zeichnet sich – wie bereits erwähnt – gerade dadurch aus, dass sie sich stets um ein ganzheitliches, möglichst stimmiges Verständnis der persönlichen, menschlichen und weltlichen Dinge bemüht. Nach Platon soll die Seele »überall das Ganze und Vollständige anstreben …, die ganze Zeit und das ganze Sein (betrachten)«[237]. Diesen Zusammenhang herzustellen war und ist immer die Aufgabe des philosophischen Denkens gewesen, eine Aufgabe, die Einzelwissenschaften nicht leisten können. Eine solche ganzheitliche Tendenz hat auch das Weisheitsdenken als praktische oder angewandte Philosophie.

Der Versuch, ganzheitlich zu denken, bedeutet nicht, vorhandene Widersprüche oder Wertkonflikte zu negieren oder zu ignorieren. Das wäre schlichte Verdrängung. Vielmehr sollten wir diese Antinomien verstehen und innerlich so verarbeiten, dass das Schmerzliche und das Belastende an ihnen möglichst aufgehoben oder doch gemildert werden. Sehen wir uns beispielsweise einer Aggression ausgesetzt, so sind unsere Wut und unser Ärger umso größer, je unerklärlicher uns die Aggression ist. Unsere negativen Gefühle nehmen ab, je mehr wir verstehen, wie es zu einer solchen Aggression kommen konnte, je mehr wir einsehen und akzeptieren, dass es solche Aggressionen in einer unvollkommenen Welt immer wieder geben wird und wir ihnen nicht ausweichen können. Diese intellektuelle Verarbeitung unserer Umwelt bedeutet eine Art von Harmonisierung, da wir unsere Erlebnisse mithilfe eines ständig sich erweiternden Verstehens in Einklang zu bringen suchen. Das Verstehen hilft, die negativen Gefühle, unter denen wir leiden, zu reduzieren und abzubauen.

Wegen des bedeutenden Einflusses der Harmonie auf unser körperliches, seelisches und geistiges Wohlbefinden hat das antike Weisheitsdenken in West und Ost der Kunst und der Musik einen hohen Stellenwert bei der gelungenen Lebensgestaltung eingeräumt. Schon Pythagoras soll mit Musik körperliche Leiden geheilt haben. Platon und Aristoteles waren überzeugt davon, dass die Musik dazu beiträgt, den Charakter eines Menschen zu formen. Der enge Zusammenhang von seelischer und körperlicher Harmonie wird in dem folgenden Zitat von Platon fassbar:

> *Wird nun nicht, wie wir gesagt haben, die Vermischung von Musenkunst und Turnkunst sie (die Seele) einstimmig machen ... durch Harmonie und Rhythmus?*[238]

Große Bedeutung kommt der Musik auch bei Konfuzius zu:

> *Wenn man die Musik vollständig beherrscht und Herz und Geist entsprechend danach ausgerichtet hat, dann ist es nicht schwierig, sich ein natürliches, unbestechliches, gütiges und aufrichtiges Herz zu erwerben, und auch die Freude wird gesteigert werden ...* [239]

Konfuzius identifizierte die Musik geradezu mit menschlichem Glück und innerer Zufriedenheit: »Musik bedeutet Freude.«[240] »Es gibt eine Musik ohne Töne; das ist die Freude.«[241]

Konfuzius lebte, was er lehrte, denn er war ein begeisterter Meister der Qin, der chinesischen Griffbrettzither. Er konnte sich selbst zu Hunderten traditioneller Lieder begleiten und soll selbst komponiert haben. Die besondere Bedeutung von Musik und Harmonie für das innere Gleichgewicht wie für das gesamte Weltgeschehen bringt der bedeutende Konfuzianer Xunzi aus dem dritten Jh. v. Chr. wie folgt auf den Punkt:

> *So ist Musik die große Gleichstimmerin der Welt, der Leitfaden zu Maß und Harmonie, und darum auch ist sie unumgänglich für das Gefühlsleben der Menschen.*[242]

Musik als der Inbegriff und die Kunst harmonischer Verhältnisse macht sinnlich erfahrbar, wie aus dem Gegenläufigen etwas Stimmiges werden kann. Die Beschäftigung mit Musik kann dazu beitragen, dass sich der Charakter des Menschen ändert, indem er harmonischer wird.[243] Auf diese Weise lehrt und bewirkt sie Seelenruhe. Musik ist das sinnliche Gegenstück zur intellektuellen Bewältigung innerer Spannungen. Sie stellt eine notwendige emotionale Begleitung und Unterstützung einer von der Vernunft geleiteten weisen Lebensführung dar. Sie bedeutet zugleich ein Ruhen in der eigenen Mitte und ein Leben aus dieser Mitte heraus.

Bis in unsere Alltagssprache hinein hat sich dieses Weisheitswissen der Alten bewahrt. Begegnen wir einem zufriedenen Menschen, so sprechen wir von einem »ausgeglichenen« Menschen, umgekehrt von einem »zerrissenen«. Jener strahlt Ruhe aus, der andere Unruhe und Nervosität, weil er nicht imstande ist, seine unterschiedlichen Bedürfnisse »unter einen Hut« zu bekommen. Spreizen sich die inneren Gegensätze noch weiter auseinander, wird aus der Zerrissenheit eine krankhafte Gespaltenheit, aus der psychischen Störung eine seelische Erkrankung.

Was heißt das für unsere praktische Lebensführung? Wer in seinem Denken und Handeln auf Ausgeglichenheit und Harmonie ausgerichtet ist, wird versuchen, das persönliche und berufliche Umfeld so zu gestalten, dass es mit den eigenen Bedürfnissen und Wünschen übereinstimmt oder zumindest die unvermeidlichen Konflikte auf ein Minimum reduziert. Er wird bestrebt sein, sich regelmäßig aktiv oder passiv mit Musik und Kunst zu beschäftigen. So können wir alle bis zu einem gewissen Grade Ausgeglichenheit einüben und trainieren. Doch allein dadurch werden wir Konflikte und Spannungen nicht verhindern können. Wir können aber ihre Auswirkungen auf unser seelisches Gleichgewicht vermindern, besser mit ihnen umgehen, leidvolle Fixierungen und Spannungen aufheben oder abschwächen, einer Konfliktlösung Impulse geben oder sie mit mehr Phantasie, Kreativität und Leichtigkeit angehen. Von Konfuzius wird berichtet, dass er sich nach der Beerdigung seines Lieblingsschülers in sein Zimmer zurückzog und die Zither spielte, »um seine Gefühle zu lösen«[244], mit anderen Worten: um innere Spannungen aufzulösen.

Bemerkenswert ist schließlich die Geschichte, die Platon von den letzten Tagen des Sokrates erzählt. Nach dem Todesurteil gegen Sokrates konnte das Urteil wegen einer Gottesfeier nicht sofort vollstreckt werden. So fing Sokrates im Gefängnis an, Gedichte zu schreiben, indem er die Äsopschen Fabeln in Reime übersetzte. Auch dichtete er einen Hymnus auf Apollon, den Gott der Musik, der Harmonie, der Heilkunst und der Weissagung. Von seinen Schülern befragt, warum er nun mit etwas anfange, was er früher noch nie getan habe, erwiderte Sokrates:

> ... *um zu versuchen, was wohl ein gewisser Traum meine, und mich vor Schaden zu hüten, wenn etwa dies die Musik wäre, die er mir anbefiehlt. Es war nämlich dieses: es ist mir oft derselbe Traum vorgekommen in dem nun vergangenen Leben, der mir, bald in dieser, bald in jener Gestalt erscheinend, immer dasselbe sagte: »O Sokrates«, sprach er, »mach und treibe Musik!« (»betätige dich musisch« = dichterisch, musikalisch, künstlerisch). Und ich dachte sonst immer, nur zu dem, was ich schon tat, ermuntere er mich und treibe mich noch mehr an, und wie man die Laufenden anzutreiben pflegt, so*

*ermuntere mich auch der Traum zu dem, was ich schon
tat, Musik zu machen, weil nämlich die Philosophie die
vortrefflichste Musik ist und ich diese doch trieb. Jetzt
aber, seit das Urteil gefällt ist und die Feier des Gottes
meinen Tod noch verschoben hat, dachte ich doch, ich
müsse, falls etwa der Traum mir doch befehle, mit dieser
gemeinen (gewöhnlichen) Musik mich zu beschäftigen,
auch dann nicht ungehorsam sein, sondern es tun.*[245]

»Treibe Musik!« Auch dies ist eine bedenkenswerte Einsicht der Alten und Teil einer weisen Lebensführung. Weise leben und Philosophie betreiben aber ist nach Sokrates die »vortrefflichste Musik«.

PERLEN DER WEISHEIT

*Ein Hohlkopf war damit beschäftigt, seine Harfe zu
stimmen. Diogenes von Sinope sah das und sagte:
»Schämst du dich nicht, die Töne mit dem Holz
in Einklang zu bringen, deine Seele aber nicht dem
Leben anzupassen?«*[246]

MERKSATZ

Der Weise ist stets bestrebt, harmonisch und
ausgeglichen zu leben. Er nutzt die wohltuende
Wirkung von Musik.

NATUR

*Der natürlichen Bestimmung folgen
nennt man den Rechten Weg.*[247]
Buch der Riten, Sitten und Gebräuche

Wie gezeigt, sah die Antike das Ziel einer weisen Lebensführung vor allem in einem harmonischen Ausleben der unterschiedlichen persönlichen Bedürfnisse. Für Platon entspricht die innere Ausgeglichenheit, die sich dadurch einstellt, dem »naturgemäßen Zustand« des Menschen. Das Gegenteil aber führt zu Unzufriedenheit, Schmerzen und Krankheit. Etwas Ähnliches hatten auch die Stoiker mit ihrem zentralen Dogma im Sinn, wonach der Mensch »naturgemäß« leben solle.

Wir haben gehört, dass die alten Chinesen den »Rechten Weg« des Menschen mit dem »Rechten Weg des Alls« (Dao, Himmel, Natur) nahezu identifizierten. Sie sahen einen engen Zusammenhang zwischen der seelischen Harmonie und der natürlichen Ordnung: »Der Mensch hat die Erde zum Vorbild«[248], heißt es im »Daodejing« (»Tao Te King«). Es kann daher nicht verwundern, dass der »Natur« im antiken Weisheitsdenken eine große Bedeutung zukam. Diese Bedeutung hat sie bis heute nicht verloren.

Lesen wir die alten Texte, so fällt zunächst auf, dass das Wort »Natur« häufig in einem doppelten Sinne gebraucht wurde. Zum einen bezeichnete es die »äußere« Natur, die

Natur der Dinge, Pflanzen und Lebewesen, das zyklische Geschehen von Entstehen, Werden und Vergehen sowie die physikalischen Gesetze des Kosmos. Zum anderen meinte es die spezifische Natur des Menschen, sowohl im Allgemeinen, etwa die biologischen Körperfunktionen, wie im Besonderen, etwa die persönlichen Anlagen und Begabungen. Schon das griechische Wort für »Natur« (»physis«) vereinigte alle diese Bedeutungsvarianten, denn es kann die Naturanlage, die angeborene Beschaffenheit, das Wesen einer Person oder Sache bedeuten, aber auch die Naturordnung, die natürlichen Gesetze, die Naturkräfte, das schaffende und zeugende Prinzip. Die in der Antike in West und Ost immer wieder anzutreffende Aufforderung, dass der Mensch »naturgemäß« leben solle, bedeutete daher, dass er sich einerseits an dem rhythmischen Wandel des äußeren Naturgeschchens orientieren und sich in ihn harmonisch einfügen solle. Es bedeutete aber auch, dass er auf seine eigene Bestimmung, auf seine spezifischen Anlagen und Bedürfnisse achtgeben und sie zur Geltung bringen solle. So heißt es bei Seneca stellvertretend für viele gleichlautende Außerungen bei anderen Autoren:

Dabei halte ich mich, worin die Stoiker alle übereinstimmen, an die Natur. Von ihr nicht abzuirren, nach ihrem Gesetz und Beispiel sich zu bilden, das ist Weisheit. Glücklich also ist dasjenige Leben, das mit seiner Natur in vollem Einklang steht. Dieses Ziel zu erreichen ist aber nicht anders möglich, als wenn zuvörderst der Geist gesund und im dauernden Besitz dieser seiner Gesundheit ist, ... achtsam auf den Körper und seine Bedürfnisse, ... voll bedacht auch für alles, was sonst zum

Leben gehört, ohne die mindeste Überschätzung (der eigenen Kräfte und Fähigkeiten) ... Als Folge davon stellt sich ... andauernde Ruhe verbunden mit dem Gefühl der Freiheit ein ... Friede und Eintracht der Seele.[249]

Gleichberechtigt neben der Forderung, mit sich selbst im Einklang zu stehen, sollen wir das eigene Leben mit der in uns wirkenden und uns umgebenden Natur und ihren Gesetzmäßigkeiten in Übereinstimmung bringen: »Weisheit ist es«, sagt der griechische Philosoph Heraklit, »der Natur gemäß zu handeln, indem man auf sie horcht.«[250] Die Alten dachten dabei nicht nur an den Rhythmus von Entstehen, Wachstum, Blüte und Reife der Pflanzen und Lebewesen, an Alter und Vergehen, nicht nur an den Wechsel von Ruhe und Aktivität, von Winter und Sommer, Sturm und Windstille, an Schöpfung und Zerstörung, die alle ihre parallelen Erscheinungsformen im menschlichen Leben und in den seelischen Abläufen haben. Auch der Gang der menschlichen und zwischenmenschlichen Dinge, das private und berufliche Leben folgt typischen Mustern, an die das Altertum dachte. Der Mensch wurde dazu aufgefordert, bei der Lebensführung die »natürlichen« Geschehensabläufe mit zu bedenken und sein Verhalten und seine Entscheidungen darauf abzustimmen: »Denn nur darauf musst du scharf achten, wohin dich die Natur führt: die des Weltganzen durch das, was dir widerfährt, und deine eigene durch das, was du tun musst«, meinte der Philosophenkaiser Mark Aurel.[251] In diesem weiten Sinne haben wir auch folgende Stelle aus dem chinesischen »Buch der Wandlungen« zu verstehen. Die Klammerzusätze sind hier wie auch sonst nur der Versuch, sich der komplexen Bedeutung der

Worte in unserer Sprache anzunähern und dem Leser den Sinn des Textes zu erschließen:

Das Wissen von den Wandlungen stimmt überein mit dem Wesen des Himmels (Natur) und der Erde (menschlichen Dinge). Darum vermag es den Rechten Weg des Himmels und der Erde in seiner Ordnung (Gesetzmäßigkeiten, typische Geschehensabläufe) zu erfassen. Mit diesem Wissen blickt der Weise empor und beobachtet die Wahrzeichen des Himmels (die natürliche Konstellation, geschichtliche Gesetzmäßigkeiten?), schaut er hinab und betrachtet die Merkmale der Erde (die menschliche und gesellschaftliche Situation). So erkennt er die Ursachen des Dunklen und des Hellen (Yin und Yang). Er sucht nach der Dinge Anfang (den Ursachen) und, sich rückwendend, nach ihrem Ende (den Folgen). So erkennt er alles Sagbare über Leben und Tod. Die Samenkräfte (Ursachen) gestalten die Dinge ... Da das Wesen des Weisen dem des Himmels und der Erde ähnlich ist (Wesensverwandtschaft von innerer und äußerer Natur), handelt er nie ihnen zuwider. Er umfasst in seinem Wissen all die Zehntausend Dinge der Welt (sein Wissen ist auf das Ganze gerichtet) und hilft nach dem Rechten Weg allen ... Er erfreut sich am Himmel, dessen Bestimmungen er kennt; und so ist ihm aller Kummer fern. Er findet Frieden überall, wo immer er weilt, ... nach ihrer Art hilft er allen Dingen zur Reife ... so vermag er zu sein wie der Dinge Wandlung, nicht gebunden an die Starrheit der Gestalt (an ihren augenblicklichen Zustand).[252]

Was diese Stelle mit ihrer für das altchinesische Denken typischen Fülle von Bildern sagen will, ist, dass »naturgemäß« zu leben bedeutet, das weltliche und menschliche Geschehen in seinen sich wiederholenden, typischen (»natürlichen«) Abläufen so weit wie möglich zu verstehen. Das heißt: Je umfassender wir erkennen, wie wir und unsere Mitmenschen »natürlicherweise« denken, fühlen und handeln, umso besser werden wir uns darauf einstellen können; umso besser werden wir mit uns und den anderen umgehen können. Je besser wir die Funktionsweise der »Natur« in ihrem weitesten Sinne – einschließlich der Gesetzmäßigkeiten und typischen Abläufe des wirtschaftlichen, politischen und gesellschaftlichen Geschehens – begreifen, umso besser wird es uns gelingen, unsere persönliche Lebensgestaltung mit all diesen Abläufen zu koordinieren und unsere Lebensführung darauf abzustimmen. Das bedeutet nicht, dass wir alles akzeptieren und tatenlos hinnehmen sollen. Im Gegenteil: Je ehrlicher wir der Wirklichkeit ins Auge sehen, umso mehr können wir ihre weitere Entwicklung beeinflussen, jedenfalls in unserem unmittelbaren Lebensumfeld. In der Praxis hieße dies beispielsweise: Nur wenn wir das Altern unseres Körpers nicht verdrängen, können wir unsere Lebensweise so anpassen, wie es dem Alter entspricht, so dass wir unseren Körper und Geist nicht überfordern und beide in einem dem Alter angemessenen Zustand erhalten. Nur wenn wir die »natürliche« Tendenz zu Abnutzung und Abstumpfung am Arbeitsplatz, in Freundschaften oder in langjährigen Partnerschaften nicht ignorieren, können wir sie lebendig erhalten. Nur wenn wir typische Zyklen in der wirtschaftlichen Entwicklung nicht ausblenden, können wir uns wappnen für die nächste Krise. Nur wenn wir die gesellschaftlichen Kräfte und Spannungen verstehen, können wir politisch Einfluss nehmen. Dies alles meinten die Alten, wenn sie uns aufforderten, »naturgemäß zu leben« oder »zu sein wie der Dinge Wandlung«. Es war eine zentrale Forderung für eine weise Lebensführung – und das ist es heute noch.

Die Vorstellung der »Natur« hatte im antiken Weisheitsdenken aber noch weitere Facetten, die für die persönliche Lebensführung von Bedeutung sind. So gingen zahlreiche Philosophen der Antike in ihrem Weisheitsdenken davon aus, dass im Grundsatz alles Natürliche zunächst einmal gut für uns ist. Die unberührte Natur, die uns umgibt, ist gut für uns. Unsere natürlichen Triebe, Begabungen und Fähigkeiten sind grundsätzlich etwas Gutes, das wir nicht ignorieren, verdrängen oder verurteilen sollten. Sie sind ein notwendiger und lebendiger Teil von uns und Ausdruck der in uns wirkenden Natur, die wiederum ein Teil der uns umgebenden Natur ist. Von den »drei Dingen«, vor denen wir nach Konfuzius »Ehrfurcht« haben sollten, war das erste der »Befehl des Himmels« (Natur, Naturgesetze); die beiden anderen waren »große Menschen« (Vorbilder) und die »Worte der Weisen« (Weisheitsüberlieferung).[253] Nun ist es, wie wir gehört haben, für die Wahrung innerer Ausgeglichenheit nötig, die natürlichen Triebe zu zügeln und zu mäßigen. Andererseits gebietet der Respekt vor der Natur, dass wir sie nicht unterdrücken oder ignorieren. Jede Zügelung und Mäßigung eines natürlichen Bedürfnisses darf daher das grundsätzliche Existenzrecht dieses Bedürfnisses nicht in Frage stellen. Jede Moral, jede Bildung, jede Kultur hat dieses Existenzrecht anzuerkennen und darf nicht zu einer Entfremdung des Menschen von seinen natürlichen Wurzeln führen. Sehr radikal drückt Zhuangzi diesen Sachverhalt aus:

> *Dass nun einer seine Natur der Moral unterordnet, und ob er es noch so weit darin brächte, ist nicht das, was ich gut nenne … Das höchste Richtmaß (Weisheit) vernachlässigt nicht die tatsächlichen Naturverhältnisse … Ach, wie widerspricht doch die Moral der menschlichen Natur! Was macht diese Moral doch für viele Schmerzen!*[254]

Mit »Moral« dürften die seinerzeit gültigen gesellschaftlichen und politischen Normen gemeint sein, die sich in einem beklagenswerten Zustand befanden. Aber auch in glücklicheren Augenblicken der Geschichte ist es keineswegs geboten, jeder Konvention zu folgen. Weise Lebensführung im Sinne der Alten sucht einen angemessenen Ausgleich zwischen der Vernunft und der Natur, zwischen der Einsicht in sinnvolle Konventionen und dem Bedürfnis nach Befriedigung unserer natürlichen Triebe und Bedürfnisse: »Ist ein Mensch mehr natürlich als gebildet«, sagt Konfuzius, »dann ist er unkultiviert. Unterdrückt die Bildung eines Menschen seine Natur, dann ist er eine Schreiberseele (Kopfmensch, Verbildeter). Erst wenn Bildung und Natur ausgeglichen sind, ist man ein Weiser.«[255]

Den ewigen Konflikt zwischen Kultur und Natur, der in der Geschichte der Menschheit immer wieder zu Spannungen und zu einer Änderung der Sitten geführt hat, müssen wir alle in unserer Lebensführung bis hinein in unser alltägliches Leben selbst austragen, ob bewusst oder unbewusst. Oft bringt uns eine weise Entscheidung, die der eigenen Natur ausreichend Rechnung trägt, in die Situation, dass wir besser daran tun, einer gesellschaftlichen Konvention nicht zu folgen. Konventionen sind auch Sammelstellen von Irrtümern und Fehlentwicklungen. Wir müssen keineswegs alles mitmachen, was die Gesellschaft, die Nachbarn, die Arbeitskollegen oder die Freunde von uns erwarten. Hier kann es bisweilen sehr schwierig sein, sich »weise« zu verhalten, und es kann viel Mut und Kraft erfordern, für die eigene abweichende Überzeugung einzustehen. Andererseits können wir leicht unsere Authentizität, die Stimmigkeit des eigenen Denkens, Fühlens und Handelns verlieren, wenn wir uns über unsere Natur hinwegsetzen. Als man den Diogenes von Sinope fragte, warum er das Theater anstatt durch den Eingang gegen die Richtung der Herausströmenden betrete, antwortete er, dass er es sein ganzes Leben so gehalten habe.[256]

Ein letzter Aspekt der Natur, der hier behandelt werden soll, klang bereits in dem Kapitel über die Sammlung an: Die Natur ist das beste Rückzugsgebiet, um zu sich selbst zu kommen, sein Inneres zu ordnen und die eigenen Kraftquellen wiederzufinden und zu erneuern. Vor allem, wenn wir allein in der Natur sind, können wir viel für uns gewinnen. Da ist zunächst die Stille, die für sich schon beruhigend auf unsere Seele wirkt und uns zu uns selbst zurückführt: »Der Mensch besieht sein Spiegelbild nicht im fließenden Wasser, sondern im stillen Wasser. Nur Stille kann alle Stille stillen«, sagte Konfuzius.[257] Die Natur in ihrer scheinbar unzerstörbaren Gleichförmigkeit ist uns Leitbild für die eigene Gelassenheit und Ruhe. In der Natur erleben wir mit allen Sinnen die Unendlichkeit von Raum und Zeit, die uns auf emotionale Weise die

Winzigkeit und Begrenztheit unserer eigenen Existenz erfahren lässt. Sie ruft uns zu: »Erkenne dich selbst!«, nämlich in jenem ursprünglichen griechischen Sinn, dass wir uns unserer Endlichkeit bewusst werden sollen. So wirkt sie gegen jede Form von Überheblichkeit. Die Diskrepanz zwischen der unendlichen Natur und unserer eigenen Begrenztheit erleben wir dabei keineswegs als negativ. Weil wir diese Unendlichkeit spüren und unser Geist sie wahrzunehmen und zu begreifen scheint, haben wir in gewisser Hinsicht Teil an ihr. Das vermittelt uns ein Gefühl der Erhabenheit:

> *Seine Seele (des Menschen) hat ein natürliches Vermögen, sich auszudehnen. ... Der heilsame Einfluss, den Wälder und Berge auf die Menschen ausüben, kommt größtenteils davon, dass sie für den Geist unerschöpflich sind. Die Kräfte des inneren Lebens zerrinnen, wenn man sich einen Namen machen will. Der Name zerrinnt in Gewalttätigkeiten; sorgendes Denken entsteht aus der Ungeduld; die Klugheit entsteht aus dem Streit. Absonderung (von der allgemeinen Lebensquelle) entsteht aus dem Eigenwillen.*[258] (Zhuangzi)

»Uns einen Namen von etwas machen« ist hier negativ gemeint und steht für borniertes Denken. Wer etwas einen Namen gibt, legt es damit auch fest und ordnet es ein. Wer dabei zu engstirnig und unflexibel vorgeht, sich zu sehr an die Definition klammert und diese mit dem Gegenstand selbst verwechselt, verliert an Aufgeschlossenheit und Toleranz gegenüber dem anderen, Unbekannten und Neuen. Das Erlebnis der Natur öffnet unser Denken für das Lebendige, für das nicht Festgelegte. Das Zitat weist uns auch darauf hin, dass wir im alltäglichen Leben stets Gefahr laufen, bei der Lösung konkreter Probleme das Wesentliche und Übergeordnete aus den Augen zu verlieren. Tatsächlich bewirkt das Naturerlebnis nicht, dass wir uns klein fühlen, sondern wir spüren, wie klein unsere Alltagsprobleme in Wirklichkeit sind. In dem Erlebnis der Natur, die sich im Rhythmus von Entstehen und Vergehen ewig gleich bleibt, werden die alltäglichen Sorgen unbedeutend. Wir gewinnen einen übergeordneten Standpunkt, gleichsam eine Vogelperspektive, und schauen aus großer Höhe auf uns und unser Leben herab. Dann

... lässt sich der Mensch nicht in die Kürze des Lebens einengen, wenn er die Ursachen der Dinge sieht (Naturerscheinungen), ... die seit ewiger Zeit dahinfließen und noch für alle Ewigkeit von der Vernunft und dem Geist regiert werden.
Wenn man dies anschaut und betrachtet oder besser alle Teile und Gestade rundum überblickt, mit welcher Ruhe der Seele wiederum erwägt man dann das Menschliche und näher Liegende![259] (Cicero)

In dem Maße, in dem die Alltagssorgen an Bedeutung verlieren, werden wir uns wieder bewusst, was für uns wichtig ist. Der weite Blick auf entfernte Berge, den Horizont des Meeres, den klaren Sternenhimmel weitet auch den Horizont unserer Selbstwahrnehmung. In dieser Weite und Ganzheit bekommt alles den richtigen Stellenwert: Das Unbedeutende sinkt ins Unbedeutende, das Wichtige wird uns wichtig. Wir erfahren erneut, worauf es ankommt. Unsere innere Werteordnung justiert sich wieder neu.[260]

Wir sehen an alledem, wie vielfältig bedeutsam die Natur für eine weise Lebensführung ist. Daher hatte sie zu Recht einen herausragenden Stellenwert im antiken Denken. Doch auch in unserer Zeit ist dieser Stellenwert keineswegs geringer geworden, zumal ein Großteil der Menschen in Städten fern von den Weiten der Natur aufwächst und lebt. Umso wichtiger ist es geworden, dass wir die Natur bewusst aufsuchen und sie erleben, sooft wir die Möglichkeit dazu haben.

PERLEN DER WEISHEIT

Ein tugendhaftes (weises) Leben ist gleichbedeutend mit einem Leben auf Grund der Erfahrung von dem, was natürlicherweise geschieht. Denn unsere eigene Natur ist ein Teil der Gesamtnatur. Darum ist das höchste Gut ein naturgemäßes Leben, das heißt ein Leben gemäß unserer eigenen und der gesamten Natur ... Eben darin besteht die Tugend (Weisheit) des Glücklichen und der schöne Fluss des Lebens, dass alles getan wird gemäß der Übereinstimmung der individuellen Persönlichkeit des Einzelnen mit dem Willen des Weltenlenkers (Natur).[261]
Chrysipp

MERKSATZ

Der Weise lebt der Natur gemäß und sucht sie regelmäßig auf, um sich zu sammeln.

FREIHEIT UND UNABHÄNGIGKEIT

Der Weise herrscht über die Dinge;
die anderen werden von ihnen beherrscht.[262]
Xunzi

Das Leben in den Industrienationen hat für viele einen ungekannten Grad an allgemeiner Bequemlichkeit und Komfort erreicht. Aber das hat zu Abhängigkeiten geführt, die uns belasten, die uns Sorgen bereiten und uns nicht selten über den Kopf zu wachsen drohen. Häufig engen die konkreten Lebensbedingungen unseren Handlungsspielraum mehr ein, als dass sie ihn erweitern. Sie machen es uns schwer, das zu erreichen, was für weite Teile der Antike das höchste Ziel des Menschen war: »zu werden, der man ist«, unser Leben so zu führen, wie wir es uns wünschen und wie es zu uns passt. Der Erweiterung unserer Möglichkeiten auf der einen Seite steht eine Beschränkung unseres tatsächlichen Handlungsspielraums auf der anderen Seite gegenüber. Viele Menschen fühlen sich getrieben und überfordert von objektiven oder selbstauferlegten »Sachzwängen« und Abhängigkeiten. Auch die Antike kannte diesen Konflikt zwischen Wollen und Können, zwischen dem idealen Leben und den realen Möglichkeiten. So war schon damals die Frage der persönlichen Freiheit und Unabhängigkeit ein wichtiges Thema der philosophischen Reflexion. Was nutzen uns die besten Lebenskonzepte, wenn uns die Wirklichkeit immer wieder einen Strich durch die Rechnung macht? Aber ist es tatsächlich die »Wirklichkeit«, die uns daran hindert, ein Leben nach unseren Vorstellungen zu führen?

Für das antike Weisheitsdenken war die persönliche Freiheit und Unabhängigkeit ein notwendiger und fundamentaler Bestandteil einer gelungenen Lebensführung: »Nur der Freie ist glücklich«, sagte Demonax.[263] Es ist den Weisen zufolge die Aufgabe des Einzelnen, seine individuellen Bedürfnisse, Seelenkräfte, Anlagen und Grenzen zu erkennen und sein Leben so einzurichten und zu führen, dass es ein harmonisches Ganzes darstellt. Doch dann erlangt die Fähigkeit und Möglichkeit, die eigenen Bedürfnisse in der täglichen Praxis auch umzusetzen, eine besondere Bedeutung. Grundlage dafür aber ist zunächst einmal die Freiheit, tun zu können, was wir als wichtig und wesentlich für uns erkannt haben. Daher ist die »Freiheit das Ziel; um diesen Preis wird gerungen«[264]. (Seneca)

Es ist hier nicht der Ort, die vorrangige Frage eingehend zu erörtern, ob es überhaupt einen »freien Willen« gibt oder ob unser Handeln ausschließlich naturwissenschaftlichen Gesetzen folgt. Dazu soll nur auf Folgendes hingewiesen werden. Die antike Weisheitslehre hat die persönliche Freiheit nicht so sehr als eine Frage des »Willens« als vielmehr als eine Frage und Funktion des »Erkennens« begriffen. Der Wille war für Aristoteles lediglich die Kraft, die auf ein Ziel hinstrebt. Was das Ziel auswähle und die Mittel zu seiner Erreichung festlege, sei aber nicht der Wille, sondern die Entscheidung (griechisch »prohairesis«, wörtlich »Vorzugswahl«). Die Entscheidung aber sei ein abwägendes Überlegen dessen, was unser Ziel sein soll, welche Möglichkeiten uns zur Verfügung stehen und welche Mittel wir am besten ergreifen sollen, um das Ziel zu erreichen.[265] So haben Entscheidungen mehr mit dem Denken und der Erkenntnis zu tun als mit dem Willen, der nur das umsetzt, was wir erkannt und entschieden haben. Der Wille als Vollzug einer Entscheidung ist demnach lediglich das Ergebnis einer verstandesmäßigen Überlegung.[266] Ohne Vernunft und Denken, sagt Aristoteles, sei eine Willensentscheidung nicht möglich.[267] Da die Gedanken bekanntlich »frei« sind, wir im Prinzip alles denken können, ist es das abwägende Denken, das unsere Entscheidungen jedenfalls in einem gewissen Umfang »frei« macht. Ob sich die Entscheidung dann auch praktisch durchsetzen lässt, ist wieder eine andere Frage, betrifft aber nicht das Problem, ob es einen »freien Willen« oder eine »freie Entscheidung« überhaupt geben kann. Am Ende der griechisch-römischen Antike fasst Boethius diesen Gedanken folgendermaßen zusammen:

Es gibt sie (Freiheit unserer Entscheidung), sagte sie (die Philosophie); denn es dürfte von Natur kein vernunftbegabtes Wesen geben, ohne dass es Willensfreiheit besäße. Denn was von Natur Vernunft gebrauchen kann, das besitzt ein Urteil, mit dem es jedes unterscheidet; von sich aus hält es also zu Vermeidendes oder Wünschenswertes auseinander. Was jemand aber für wünschenswert hält, das erstrebt er; er flieht aber, was man nach seiner Ansicht fliehen muss.[268]

»Unfrei« waren für die Alten deshalb solche Entscheidungen und Handlungen, die auf unklaren und mangelhaften Erkenntnissen beruhen, umso »freier« aber jene, die sich aus einer klaren Einsicht in die Sache ergeben. Und da der Weise derjenige war, der es zu einem Höchstmaß an Einsicht in den menschlichen Dingen gebracht hat, war für Aristoteles – und viele andere Denker der Antike – nur der Weise wirklich frei: »Weisheit allein ist Freiheit«[269], wie Seneca es später formulierte, »Weisheit« sei das einzige »Wissensfach, das den Menschen frei macht«[270].

Folgen wir dieser Auffassung, so ist es müßig zu fragen, was ein »freier Wille« überhaupt sei, ob wir einen »freien Willen« haben oder ob unser Entscheiden und Handeln vollständig nach neurobiologischen Gesetzmäßigkeiten abläuft: Solange wir eine vorgefasste Meinung durch eine bessere Einsicht ändern und uns demgemäß zu der einen oder anderen Handlung entschließen können, sind wir weiterhin gehalten, uns um die beste Erkenntnis aller Umstände zu bemühen, die Argumente eigenständig abzuwägen und uns daraufhin zu entscheiden, was wir tun oder lassen wollen. Jeder von uns dürfte mehr als einmal die Erfahrung gemacht haben, dass er eine Entscheidung aufgrund eigener Überlegungen, infolge von Ratschlägen oder aufgrund von Lesefrüchten geändert und anders gehandelt hat, als er es ursprünglich wollte. Schließlich ist es sinnvoll, nach der besten Einsicht zu suchen und unser Wissen über die Entscheidungskriterien zu erweitern. Diese Suche nach der besten Einsicht und damit der besten Entscheidung ist die Aufgabe einer weisen Lebensführung. Die moderne Gehirnforschung hat nachgewiesen, dass jeder Mensch durch eine bewusste

Verhaltenssteuerung Einfluss auf die neurobiologischen Abläufe in seinem Gehirn nehmen kann. Er kann hinzulernen. Er kann aufgrund des Gelernten seine Gewohnheiten ändern. Wer seine Gewohnheiten ändern kann, kann sein Leben gestalten. Wir können weiser werden. Und wir werden es mit zunehmender Lebenserfahrung, und zwar mehr oder weniger ständig. Unsere Weisheitskompetenz bewegt sich auf einem Strahl, angestoßen von unseren täglichen Erfahrungen und der Art, wie wir diese Erfahrungen verarbeiten und wie bewusst wir diese Verarbeitung vollziehen, mit anderen Worten: inwieweit wir die Fähigkeit und Bereitschaft entwickeln, von dem Leben zu lernen. Unsere Weisheitskompetenz kann stärker oder schwächer sein, kann sich schneller oder langsamer entwickeln, kann manchmal auch schrumpfen. Aber sie ist da und kann von uns vergrößert werden.

Auch wo »Sachzwänge« herrschen, sind wir es also stets selbst, die aufgrund eigener Entschließung ihnen folgen oder nicht. Die Sachzwänge, in denen wir leben, sind keine äußere, physische Gewalt, sondern üben erst über die Bedeutung, die wir ihnen geben, ihren scheinbar unwiderstehlichen Zwang auf uns aus. Nicht die Sache, sondern unsere Vorstellung, dass wir dieses oder jenes jetzt unbedingt tun müssen, ist der Zwang. Daher, meinten die Stoiker, liege in dem »Gebrauch unserer Vorstellungen ... die Freiheit, der schöne Fluss des Lebens, der Seelenfrieden, das Wohlbefinden«[271]. Unsere Vorstellungen und Wertungen sind aber keineswegs in Stein gemeißelt. Wir können sie in jedem Moment aufgeben oder ändern und tun dies auch häufig, etwa weil wir zu einer besseren Einsicht gelangt sind. Tatsächlich treffen wir täglich solche Entscheidungen. Auch wenn wir nichts tun und nichts ändern, ist das eine Entscheidung, nämlich für den Fortbestand des Status quo. Weise Lebensführung bedeutet in diesem Zusammenhang, sich stets bewusst zu sein, dass wir eigenverantwortlich über unser Leben bestimmen, d. h., wir können im Rahmen der uns von der Natur, Sozialisation und Selbstbildung vorgegebenen Möglichkeiten die Ziele unseres Lebens selbst festlegen und die Mittel zur Erreichung dieser Ziele eigenständig auswählen.

Wie kann man diese »Eigenverantwortlichkeit« oder »Freiheit« im täglichen Leben für sich realisieren? In der Antike können wir im Wesentlichen drei Wege ausmachen, wie der Mensch »frei« wird, besser gesagt: an Freiheit hinzugewinnen kann. Der erste und radikalste Weg bestand darin, das eigene Ich weitgehend von allen äußeren Zwängen und Fremdbestimmungen loszulösen. Trotz seiner Radikalität prägte dieser Weg stark das Denken in Indien, aber auch in China und Griechenland. Als praktizierte Lebensform erlangte er jedoch nirgendwo Breitenwirkung. Denn die vollständige Loslösung verlangt äußerste Selbstgenügsamkeit und einen Verzicht auf alles, was uns bindet und in Abhängigkeiten bringt, wie Besitz, Vermögen, Macht, Beziehungen, Leidenschaften, Familie etc.

Berühmt ist die Geschichte eines reichen Griechen namens Krates, der in die Volksversammlung ging und sein ganzes Vermögen dem Staat schenkte mit den Worten: »Krates, Sklave des Krates (nämlich seines Besitzes), entlässt Krates in die Freiheit!«[272] Er wurde ein berühmter Philosoph, der später die These aufstellte, »dass die Besitzlosigkeit der Anfang der Freiheit sei«[273]. In Indien waren es die Yogis, die diesen Weg einschlugen. Die Griechen nannten sie »Gymnosophisten«, wörtlich »nackte Weise«, weil sie in spärlichster Bekleidung in den Wäldern lebten. Später waren es vor allem die buddhistischen Mönche, die sich außerhalb der Gesellschaft stellten, und in China der Daoismus, aus dessen Verschmelzung mit dem Buddhismus sich später das Zen entwickelte, das vor allem in Japan praktiziert wurde. Dass die genannten philosophischen Richtungen auch heute noch von großem Einfluss sind, ja ihre Bedeutung in den Industrienationen ständig wächst, zeigt, wie stark und fundamental das menschliche Bedürfnis nach persönlicher Freiheit und Unabhängigkeit ist. Auch Menschen wie Krates hat es bis auf den heutigen Tag immer wieder gegeben, wie das bekannte Beispiel des Kazuo Inamori zeigt: Der japanische Topmanager und Gründer des Weltkonzerns Kyocera hat sich mit 65 Jahren in ein Zen-Kloster zurückgezogen und wandert zeitweise als Bettelmönch durch die Ortschaften. Dabei erlebt er nach eigenem Bekunden Glücksmomente, die er nie zuvor hatte.[274]

Ein zweiter Weg zu mehr Freiheit, den die Antike entwickelte, lehnte diese Richtung als lebensverneinende Weltflucht ab und war der Auffassung, dass die Freiheit des Menschen sich erst und nur in einem engagierten, tätigen Leben zeige und verwirkliche. Die Vertreter dieses Weges betonten den Aspekt der »Freiheit zu«, also die Fähigkeit und Möglichkeit, eigene Ziele umzusetzen. Hinter diesen Aspekt trete die sogenannte »Freiheit von« vollständig zurück, ebenjener Weg der Unabhängigkeit und Loslösung. Wir seien von Natur aus Wesen, die auf Gemeinschaft angewiesen seien und Gemeinschaften bildeten mit dem einzigen Ziel, unsere Persönlichkeit mit unseren Wünschen und Vorstellungen in dem Leben einer Gemeinschaft zur Geltung zu bringen. Nur ein Tier oder ein Gott könne allein leben, meinte Aristoteles.[275]

Ein dritter Weg, der in der Antike in West und Ost viele Befürworter fand, stellte einen Kompromiss zwischen diesen beiden Formen dar und versuchte, die Wahrheit beider Auffassungen zu verbinden. So sei es zwar wichtig, dass wir versuchen, uns im Leben zu verwirklichen und unsere Lebensvorstellungen umzusetzen, mithin die »Welt« zu gestalten. Wir sollten uns aber nicht zu Sklaven unserer konkreten »weltlichen« Ziele machen. Wir dürften nicht so in unseren Geschäften aufgehen, dass wir uns selbst dabei verlieren oder uns selbst nicht mehr genug sind. Denn ob wir diese Ziele erreichen, etwa beruflichen Erfolg, Macht, Vermögen, politische Ideen etc., hänge von Umständen ab, die wir nicht vollständig beherrschen könnten. Ein Misserfolg sei jederzeit möglich. Ein solcher Misserfolg dürfe aber nicht dazu führen, dass wir das Gefühl haben, auch persönlich gescheitert zu sein. Diese Konsequenz lasse sich aber nur vermeiden, wenn wir bei allem Engagement in uns eine Distanz zu unseren »äußeren« Zielen schafften. Dazu brauchten wir etwas in uns, das »unabhängig« ist von den äußeren Erfolgen oder Misserfolgen. Das aber ist das Selbst, der Persönlichkeitskern, unsere Identität, der unzerstörbare Rückzugspunkt, den wir in uns finden, aufbauen, stärken und pflegen sollten.

Die Stärkung dieses Persönlichkeitskerns ist die »Selbstsorge«. Sie führt zur Selbstgenügsamkeit. Zwar sei es wichtig und gut, dass wir Ziele haben und uns anstrengen, sie zu erreichen, dass wir tun, was wir von innen heraus tun müssen. Aber wir sollten der Zielerreichung keine übermäßige Bedeutung beimessen, nicht am Erfolg hängen und nicht unser Schicksal mit ihm verknüpfen. Ob sich Erfolg einstelle oder nicht, sollte für uns zweitrangig sein. Erfolg kommt, Erfolg geht. Wir sollten es nehmen, wie es kommt: »Ich aber tue meine Pflicht; alles andere geht mich nichts an«, meinte der Philosophenkaiser Mark Aurel.[276] »Das Werk zu tun sei dein Beruf. Nicht kümmre dich's, ob es gelang«[277], heißt es gleich mehrfach in der indischen Bhagavadgita. Wir leiden nicht unter den Zielen, die wir verfolgen, sondern unter einer zu starken Verinnerlichung und Identifizierung mit diesen Zielen. Wir leiden unter dem Verhaftetsein, das damit verbunden ist. Dieses Verhaftetsein können wir nur auflösen, wenn wir kontinuierlich unsere äußeren Ziele und ihre Bedeutung für uns relativieren. Je mehr uns das gelingt, desto größer wird unsere innere Unabhängigkeit und Freiheit.

Nun scheint es ein Widerspruch zu sein, uns einerseits Ziele zu setzen und sie zu verfolgen, andererseits aber die Verwirklichung dieser Ziele zu relativieren, doch ist das einer jener zahlreichen Widersprüche, mit denen wir leben müssen. Wie bei dem Tod, den wir nicht wollen, aber auch nicht negieren können, kann es bei einer weisen Lebensführung nicht darum gehen, solche Widersprüche aufzulösen, sondern die damit verbundene Spannung auszuhalten und mit ihnen auf die beste Art umzugehen. Im Hinblick auf unsere äußeren Ziele bedeutet das, jeder Identifizierung entgegenzuarbeiten. Dies kann dadurch geschehen, dass wir uns für die Zielverwirklichung zwar engagieren, auf einer anderen Ebene in uns aber das Bewusstsein der Relativität dieser Ziele wach halten. Patañjali, der Autor der Yogasutras, dem grundlegenden Werk aller Yogarichtungen, drückte einen vergleichbaren Sachverhalt einmal so aus: »Die leidvollen Spannungen sind mithilfe der Gegenströmung (pratisprasava, ›Gegen-Schaffung‹, ›Schwimmen gegen die Strömung‹) aufzugeben.«[278]

Grob gesagt sind es diese drei Wege oder Lebenshaltungen, zwischen denen auch wir uns entscheiden. Welchen Weg wir wählen, inwieweit wir eher dem einen oder dem anderen Weg folgen, muss jeder im Hinblick auf seine individuellen Veranlagungen und Bedürfnisse selbst bestimmen. Je besser wir uns kennen, umso angemessener werden wir uns entscheiden. Je näher wir mit unserer Entscheidung dem kommen, was wir wirklich wollen, umso zufriedener werden wir sein. Wie immer unsere Entscheidung ausfällt: Die damit eingenommene Haltung zum Leben hat eine immense Auswirkung auf unser seelisches Wohlbefinden. Die Mehrheit der Menschen wird in aller Regel nur zwischen dem zweiten und dritten Weg wählen, also sich irgendwo zwischen den Extremen von »völliges Aufgehen im Beruf« (»vita activa«) oder »völliges Aufgehen in privater Selbstfindung« (»vita contemplativa«, wörtlich »in Betrachtung versunkenes, beschauliches Leben«) einpendeln.

Was wir bei dieser Wahl von dem antiken Weisheitsdenken lernen können, ist zunächst, dass wir es immer selbst sind, die diese Wahl treffen, mögen die Sachzwänge noch so groß sein. Und dass wir diese Wahl ständig treffen, ob bewusst oder unbewusst, ob willentlich oder als Getriebene. Wir sind und bleiben immer selbst verantwortlich. Was wir ferner von den Alten lernen können, ist, bei dieser Wahl stets das Ganze unserer Persönlichkeit im Blick zu behalten und nicht vollständig in beruflichen oder sonstigen Zielen aufzugehen. Weisheit als »innere

Unabhängigkeit« bedeutet in diesem Fall das Bewusstsein, dass das Wichtigste unser Leben selbst ist, losgelöst von den konkreten Umständen, in die wir hineingeworfen werden oder in die wir uns begeben haben. Der chinesische Philosoph, Kaufmann und Politiker Lü Buwei drückte dies einmal so aus:

Den Weisen ist in ihrem tiefen Nachsinnen über alles unter dem Himmel nichts teurer als das Leben. Ohr, Auge, Nase und Mund sind Diener des Lebens. Aber wenn auch das Ohr die Musik liebt, das Auge die Schönheit, die Nase Wohlgerüche, der Mund den feinen Geschmack, so verwehren sie doch ihren Dienst, wird durch den Genuss das Leben gefährdet. So widersetzen sich diese vier Sinne, wo dem Leben kein Gewinn erwächst. Darum dürfen Ohr, Auge, Nase und Mund nicht eigenmächtig wirken, sondern müssen sich einem bestimmten Zwang unterordnen ... Darin liegt die Kunst der wahren Wertschätzung des Lebens.
Wenn nun jemand die berühmte Perle des Fürsten von Sue (kostbares Schmuckstück) als Geschoss auf seine Schleuder legte, um einen Sperling aus tausend Metern Höhe herunterzuschießen, so lachten ihn gewiss alle aus. Und warum? Weil er etwas ungemein Wertvolles für ein sehr nichtiges Vorhaben einsetzte. Und ist das Leben nicht etwa noch wertvoller als jene Perle des Fürsten von Sue![279]

Die sinnlichen Genüsse stehen hier für alle nach außen gerichteten Begierden und Ziele und damit auch für die Mittel, sie zu erreichen, also Arbeit, Karriere, Ausbildung usw. All das könne nur immer an zweiter Stelle stehen.

Unser Leben in seiner Ganzheit sei stets wertvoller als jedes einzelne dieser Ziele und Tätigkeiten. Es sei lächerlich, unser Leben an diese Ziele zu »verschleudern«.

Um Weisheit als innere Unabhängigkeit zu erlangen, ist es notwendig, die äußeren Umstände, Gegebenheiten, Ziele und Vorstellungen zu relativieren und sie distanziert zu betrachten. Je mehr wir ein solches relativierendes Denken einüben, umso unabhängiger fühlen wir uns. Je unabhängiger wir uns fühlen, umso kreativer und phantasievoller (»freier«) wird unser Denken und Leben. Uns wird zunehmend bewusst, dass es nicht die Dinge sind, die einen Zwang ausüben, die uns Angst machen, die uns ärgern, sondern unsere Vorstellung von den Dingen, unsere übermäßige Fixierung auf die gesetzten äußeren Ziele. Nur weil wir uns ein Leben unterhalb des erreichten Status nicht mehr vorstellen können, nur deshalb werden die äußeren Lebensumstände zu »Sachzwängen«. Folglich müssen wir einen Keil treiben zwischen uns und unsere äußeren Ziele und Ansprüche. Kontinuierlich eingeübt, bewirkt eine solche Distanzierung eine allmähliche Loslösung von Äußerlichkeiten und damit einhergehend eine Stärkung der inneren Werte. Aus der zunehmenden Loslösung erwächst dann eine große innere Kraft und Souveränität. Die Griechen nannten dies Autarkie, Selbstmächtigkeit oder Selbstgenügsamkeit. Sie stärkt das Selbstvertrauen und fördert Gelassenheit, indem sie die Angst zu scheitern verringert. Erreichen wir eines unserer Ziele nicht, so werden wir die Enttäuschung aushalten und schnell überwinden. Wir verlieren nicht unsere innere Ruhe, unsere Mitte. Denn diese haben wir losgelöst und »frei« gehalten von dem Schicksal, das die Verfolgung unseres Ziels verhindert.

Das mag sich in der Theorie leicht anhören, ist aber in der praktischen Umsetzung äußerst schwierig. Dies ist jedoch kein Grund, sich entmutigen zu lassen, wenn wir uns Folgendes bewusst machen: Die Persönlichkeitsentwicklung wie die Weisheit ist ein Weg, jeder Schritt ein Fortschritt. Jeder noch so kleine Fortschritt ist ein Zugewinn an Freude und ein Abbau von Missmut: »Sei zufrieden, wenn es auch nur ein klein wenig vorwärtsgeht, und halte auch einen solchen kleinen Fortschritt nicht für unbedeutend«, meinte Mark Aurel.[280] Eine weise Lebensführung ist ein langfristiges Unterfangen, das mit zunehmender Lebenserfahrung und kontinuierlicher Selbsterziehung wächst und Früchte trägt. In der Regel reift die Fähigkeit zu weiser Lebensführung erst im gesetzten Alter zur vollen Blüte, die Chinesen meinten, nicht vor dem fünfzigsten Lebensjahr. Das heißt nicht, dass wir nicht aufgefordert sind, uns in jedem Alter darum zu bemühen:

... aber leben zu lernen, dazu gehört das ganze Leben.[281]
(Seneca)

Kinder, Jugendliche, Erwachsene und Greise – alle können gute (weise) oder schlechte (unweise) Entscheidungen treffen, gute oder schlechte Lebensgewohnheiten annehmen oder aufgeben. Wer aber nie anfängt, sich um die für ihn beste Lebensweise zu bemühen, für den reichen auch hundert Jahre nicht aus, weiser, sprich glücklicher zu werden.

Wer freien Geistes das Leben zu durchwandern vermag, wie sollte er nicht überall freien Geistes wandern können! ... Jene aber, die Äußerlichkeiten nachlaufen und sich in Nebensächlichkeiten verkriechen, oder jene, die starrsinnig die Sinneswelt abwerfen und verlassen wollen, ach, nicht höchste Weisheit ist es noch größte Tugend, was sie in ihrem Tun leitet! Die Weltabgewandten kümmert es nicht, wenn die Welt zugrunde geht; nie würden sie sich umwenden und zu Hilfe eilen. Die Lebensgierigen wiederum jagen den Dingen nach mit Feuereifer; nie würden sie einen Blick zurückwerfen, um zu sehen, wohin es sie treibt. ... Darum ist der wahrhaft Große Mensch nicht starrem Verhalten verhaftet.[282]

Zhuangzi

MERKSATZ

Der Weise bewahrt stets seine
innere Unabhängigkeit.

FREUNDSCHAFT

*Der beste Mensch auf Erden macht sich
alle Guten auf Erden zu Freunden.*[283]
Menzius

Wir haben gehört, dass Weisheit unter anderem Menschenkenntnis bedeutet, ein Wissen von der menschlichen Natur und den menschlichen Dingen. Die Erweiterung dieses Wissens erfolgt vor allem über eine Vertiefung der Selbsterkenntnis. Wir haben einige Wege kennengelernt, wie wir dieses Wissen über uns selbst vertiefen können: durch Sammlung, aufrichtige Selbstreflexion sowie durch eine gesteigerte Aufmerksamkeit und Sensibilität uns selbst gegenüber. Wir haben auch von den Hindernissen und Schwierigkeiten gehört, die unsere Selbstwahrnehmung beeinträchtigen können: etwa unkritische Selbstzufriedenheit oder der ständige Wandel der Dinge und Verhältnisse. Schließlich haben wir gesehen, wie wichtig es ist, in diesem Wandel jeweils den »Kairos« zu erkennen, den richtigen Augenblick für unser Handeln oder Nichthandeln. Dies betrifft nicht nur unser äußeres Verhalten, sondern im gleichen Maße unser Verhalten zu uns selbst. Eine gelungene Persönlichkeitsentwicklung verlangt von dem Einzelnen, dass er aufmerksam Veränderungen bei sich selbst beobachtet, um im richtigen Moment die notwendigen Entscheidungen zu treffen und gegebenenfalls sein Verhalten zu ändern.

Eine große Bedeutung bei dieser Art der Persönlichkeitsentwicklung durch Selbstbeobachtung und Selbsterziehung kam im antiken Weisheitsdenken dem Freund zu: »Er höre von vielen«, sagte Sokrates einmal, »dass von allen Besitztümern der beste wohl ein kluger und guter Freund sei. Er sehe jedoch, dass die meisten Leute sich mehr um alles andere kümmern als darum, gute Freunde zu besitzen.«[284]

Epikur war der Überzeugung, dass

von allen Dingen, die die Weisheit für ein glückliches Leben aufgeboten habe, nichts wesentlicher, nichts ergiebiger, nichts angenehmer sei als die Freundschaft.[285]

Mit »Freund« war nicht der »gute Bekannte« gemeint, sondern jemand, mit dem wir uns offen und ehrlich auch über sensible berufliche und persönliche Dinge aussprechen können. Selten haben wir mehr als eine Handvoll wirklicher Freunde. Wer behauptet, mehr zu haben, hat wahrscheinlich überhaupt keine. »Es ist besser«, sagte der skythische Philosoph Anarcharsis, »einen einzigen Freund zu besitzen, der viel wert ist, als viele, die nichts taugen.«[286] Für Aristoteles war ein solcher Freund ein zweites Ich, ein »alter ego«, wie es später hieß. Freunde sind »eine Seele in zwei Körpern«[287] (Diogenes). Der Freund/die Freundin spiegelt das eigene Ich. Gute und wahre Freunde würden einander besser machen, meinte Aristoteles, »indem sie … einander korrigieren«[288]. So werde das Zusammenleben mit dem tugendhaften (weisen) Freund gleichsam zu einer »Übung der Tugend« (Weisheit).[289] Leider gilt dies auch für das Gegenteil: »Schlechter Umgang vermehrt die eigenen Laster.«[290]

(Demokrit) Wie dem auch sei, Freunde gehören nach Aristoteles »zum Notwendigsten im Leben«[291]. So ist es kein Wunder, dass dieser große Denker gut ein Fünftel seines Hauptwerks über die weise Lebensführung, die »Nikomachische Ethik«, der Freundschaft widmete.

Von Konfuzius ist der Ausspruch überliefert, dass es noch nie vorgekommen sei, dass »… ein Gebildeter ohne Freund, der widerspricht, frei von Fehlern bliebe«[292]. Darin also liegt die große Bedeutung des Freundes, ohne den es schwierig ist, auf Dauer ein zufriedenes Leben zu führen. Sie liegt nicht in den Netzwerken, die sich mit Freunden knüpfen lassen, mögen diese auch heute wie in der Antike enorm wichtig für die berufliche Karriere sein. Was die Alten für wichtiger hielten, war die Funktion des Freundes für die Entwicklung der eigenen Persönlichkeit, seine Hilfe bei der Klärung und Lösung von beruflichen und persönlichen Problemen. Denn nur der (wahre) Freund ist es, der einem im vertraulichen Gespräch einen Spiegel vorhält, in dem wir auch und gerade solche Dinge sehen, auf die uns sonst keiner aufmerksam macht. Unsere Selbstwahrnehmung ist häufig von unbewussten Seeleninhalten wie ungelösten Konflikten und Verdrängungen verstellt und beeinträchtigt. Uns fehlt der Blick »von außen« auf uns, der erfrischende Perspektivwechsel. Nichts aber ist bei der Selbsterkenntnis so wichtig wie jemand, der den Finger in jene Wunden legt, die wir uns selbst nicht eingestehen wollen. Wenn ein guter Freund dies tut, so sind wir am ehesten bereit, etwas davon anzunehmen. Denn wir wissen, dass die Ratschläge des Freundes uneigennützig und aus tiefer Zuneigung gegeben werden. Schon Homer dichtete:

> *Aber du hilf ihm treulich mit Rat und*
> *kluger Erinnrung*
> *Und sei Lenker dem Freund;*
> *er folgt dir gerne zum Guten*[293]*,*

und

> *… Gut immer ist redliche Warnung des Freundes.*[294]

Bei keinem anderen Menschen sind wir so ernsthaft und willig bereit, zuzuhören, wie bei einem Freund. Ermahnungen des Freundes »greifen ans Herz«, wie sich die Alten ausdrückten. Sie klingen nach und beschäftigen uns. Sie können einen Lernprozess in Gang setzen, aus dem wir im besten Fall als jemand hervorgehen, der etwas Neues über sich erfahren und damit einen Schritt nach vorne gemacht hat. Diese Funktion des Freundes kann auch der Lebenspartner erfüllen. Aber nicht selten ist der Lebenspartner zu nahe an dem Problem, ist zu unkritisch (oder überkritisch) und hat nicht den distanzierten Blick »von außen«.

Hinzu kommt schließlich, dass schon durch die Aussprache mit dem Freund eine erste Klärung und Durchdringung des Konflikts vorgenommen wird. Der Versuch der Verbalisierung bringt Struktur, Ordnung und Zusammenhang (»Kohärenz«) in unsere häufig nur diffusen Vorstellungen von einem Problem. Manchmal kommt es gar nicht mehr darauf an, ob und was der Freund antwortet. Wir haben uns das Problem »von der Seele gesprochen« und verlassen den Freund schon deshalb »erleichtert«: »Sei versichert«, schreibt Cicero (von dem der Ausdruck »alter ego« stammt) an seinen in der Verbannung lebenden Freund Atticus, »dass es mir gegenwärtig an nichts mehr fehlt als an einem Menschen, dem ich alles, was mir irgendwie Sorge macht, mitteilen könnte, der mich liebte, der Einsicht hätte, mit dem eine Unterhaltung möglich wäre, bei welcher ich mich nicht zu verstellen, nichts zu verheimlichen oder zu verdecken brauchte.«[295]

Cicero lebte in einer sehr turbulenten politischen Zeit, in der man leicht sein Leben wegen einer unbedachten Bemerkung verlieren konnte. So wurde er selbst schließlich Opfer eines politisch motivierten Mordes. Das Leben in den heutigen Industrienationen ist vielleicht weniger lebensgefährlich, im Hinblick auf die wirtschaftliche Existenz und die soziale Stellung unter Umständen aber nicht weniger bedrückend und gefahrvoll. Von daher hat der Ausspruch Ciceros auch heute noch Gültigkeit. Je mehr Haie um einen herumschwimmen, desto dringender bedürfen wir eines Freundes, bei dem wir die Fassade fallen lassen und freimütig über Dinge reden können, über die wir sonst mit niemandem sprechen. In solchen Gesprächen aber machen wir wertvolle Erfahrungen, die uns nicht selten vor falschen Entscheidungen bewahren.

Für eine weise Lebensführung bedeutet das, auf echte Freunde zu achten und Freundschaften zu pflegen; sich Zeit zu nehmen, wenn es darauf ankommt; da zu sein; zuhören zu können; Ratschläge und Warnungen anzunehmen und geben zu können; offen zu sein und den Freund einfühlsam sich öffnen lassen; bei Gesprächen nicht im Oberflächlichen zu bleiben und tiefe Begegnungen bewusst zu suchen. Eine solche Pflege wahrer Freundschaften ist im hohen Maße auch Selbstsorge. Wir tun es für den Freund – wir tun es aber auch für uns, denn wir sind »eine Seele in zwei Körpern«.

PERLEN DER WEISHEIT

Die Freunde sind ein fruchtbarer Acker,
den der Mensch bewässern soll,
sie sind wichtiger für ihn
als seine Schätze.[296]
Lehre des Ptahhotep,
um 2350 v. Chr.

MERKSATZ

Der Weise pflegt seine Freundschaften.

VORBILD

Eifere den Weisen nach!
Nur wer sich belehren lässt,
kann ein Meister werden.[297]
Altes Ägypten

Nahe dem Freund finden wir das Vorbild als eine weitere Säule antiken Weisheitsdenkens. Ein wirklicher Freund ist Spiegel des Ichs, Ratgeber am Scheideweg, Trost im Unglück, aber häufig auch Vorbild im Leben. Der Freund, der uns einen Rat gibt, und das Vorbild sind verwandte Erscheinungen, mit dem Unterschied, dass das Vorbild ein stummer Ratgeber ist. Wenn wir einen wirklichen Freund haben, so kommt es vor, dass wir uns bei einer Entscheidung fragen, was wohl der Freund in dieser Situation tun würde. So hilft der Freund selbst dann, wenn er nicht da ist. Das gilt noch mehr für Vorbilder. Auch ohne dass uns dies jedes Mal bewusst wird, leben wir mit Vorbildern, mit Menschen, die wir bewundern. Häufig orientieren wir unser Handeln und unsere Entscheidungen an Vorbildern, seien es lebende oder verstorbene Personen. Diese wichtige Bedeutung eines Vorbildes hat die Antike sehr klar gesehen: »Wir sollten uns einen tüchtigen Menschen erwählen und immer vor Augen stellen, damit wir gewissermaßen unter seinen Augen leben und alles tun, als ob er es sähe«[298], meinte Epikur.

Später sahen seine Schüler in Epikur selbst einen solchen »tüchtigen Menschen« und ermahnten sich gegenseitig: »Tue alles so, als ob Epikuros es sähe.«[299]

Haben wir gute Vorbilder, so gibt es kaum einen besseren Ratgeber, weder in persönlichen noch in beruflichen Angelegenheiten. Die alten Römer hatten sich für ihre persönliche Entwicklung das Leitbild eines idealen Weisen gegeben, dem maßgebliche Teile der Oberschicht bis hin zu Kaiser Mark Aurel nachstrebten. »Frage dich: Was hätte in diesem Falle Sokrates getan?«, empfahl Epiktet bei der Entscheidungsfindung in schwierigen Situationen.[300] Ohne dieses Leitbild und ohne den festen Willen und die enorme Kraft zur Selbstbeherrschung und Lebensführung, die dieses Ideal in denjenigen freisetzte, die ihm folgten, hätte sich dieses gewaltige Weltreich wohl nicht über ein Jahrtausend an der Macht halten können.

Wie das letzte Zitat zeigt, das rund 500 Jahre nach dem Tod des Sokrates geschrieben wurde, brauchen Vorbilder keineswegs lebende Personen zu sein. Häufig finden wir Vorbilder in der Geschichte oder Literatur. Für die Griechen war das Werk Homers mit seinen Heldensagen das »Handbuch der Lebensweisheit« schlechthin.[301] Homer galt ihnen als der »tiefste und weiseste von allen Dichtern«, bei dem »alles Menschliche vorkommt«[302]. In der Spätantike wurde das Buch »Lebensbeschreibungen großer Griechen und Römer« berühmt, das der Philosoph und Schriftsteller Plutarch in dem Bewusstsein der wichtigen Bedeutung von Vorbildern geschrieben hatte. Es sollte lehrreich sein und mit großen historischen Gestalten Beispiele geben, wie Plutarch selbst, der sehr gebildet war, durch den Umgang mit hervorragenden Menschen ein besserer geworden war.[303] Das Buch hatte einen wesentlich nachhaltigeren Erfolg als seine ethischen Schriften. In der Folgezeit orientierten sich zahlreiche bedeutende Persönlichkeiten eher an dem konkreten Leben dieser 48 Männer, die Plutarch so lebhaft und fesselnd beschrieben hatte (leider ist uns etwas Ähnliches von Frauen nicht überliefert), als an abstrakten ethischen Vorschriften. Napoleon trug die »Lebensbeschreibungen« immer bei sich.

Sind literarische Vorbilder auch hilfreich, an die Wirkung von lebenden Vorbildern, die wir sehen, hören und fühlen, reichen sie selten heran. Das hat die Antike sehr klar gesehen, weshalb sie dem persönlichen Lehrer eine große Bedeutung zugemessen hat. Im alten Indien hieß ein solcher Lehrer »Guru«, der Vermittler des Wissens, »der die Finsternis beiseiteschiebt und Licht gibt«[304]. Noch heute ist im Yoga der persönliche Kontakt zwischen Lehrer und Schüler von entscheidender Bedeutung für das Gelingen der Übungen. Auch im alten Griechenland und Rom begnügte man sich nicht mit der Lektüre von Büchern, sondern unternahm wochenlange strapaziöse Reisen, um einen Autor und berühmten Lehrer persönlich zu sehen und zu hören und mit ihm eine Zeitlang zusammenzuleben: »Doch mehr noch als das, was ich dir hier vortrage, wird das lebendige Wort und unser Zusammenleben dir nützen. An Ort und Stelle musst du dich einfinden«, sagte Seneca.[305] Schließlich stand auch bei der Weisheitsvermittlung im antiken China die Lehre durch das Vorbild im Vordergrund.[306]

Etwas von der Bedeutung der persönlichen Unterrichtung lebt im modernen Coachingwesen wieder auf. Allerdings beschränkt sich das Training hier häufig auf das

Sachliche, was auch daran liegt, dass die Zahl zum Vorbild geeigneter Persönlichkeiten begrenzt ist. In Fragen der Lebensweisheit ist der Unterricht zweifellos dann am effektivsten oder sogar unabdingbar für einen nachhaltigen Lernerfolg, wenn der Lehrer neben der Vermittlung von Einsichten auch vorlebt, was er lehrt, und stets aus eigener Erfahrung spricht.

Allerdings ist bei der Wahl des Vorbilds auch Vorsicht geboten. Es gibt schlechte Vorbilder, die mehr schaden als fördern. Vorbilder sollen und können uns nicht das Selbstdenken und die Eigenverantwortung abnehmen. Andernfalls laufen wir schnell Gefahr, falschen Vorbildern aufzusitzen. Seneca mahnte daher, die Lehren des Vorbilds kritisch zu prüfen und, statt sie bloß dem Gedächtnis zu überlassen, sie zu eigenem Wissen zu machen. Er wolle zwar den »Fußspuren der Vorgänger« folgen und »den alten Weg einschlagen«, sagte er, finde er aber einen näheren und leichteren Weg, so werde er sich an diesen halten. Wahres Wissen ist, »alles zu seinem Eigentum zu machen und ... nicht immer wieder nach dem Lehrer zu blicken«[307].

Was bedeutet das für unsere Lebensführung? Wir haben alle schon einmal die Erfahrung gemacht, dass wir auf unserem persönlichen und beruflichen Werdegang Persönlichkeiten begegnet sind, zu denen wir aufgeschaut haben, von denen wir gelernt haben, die wir bewundert und denen wir nachgeeifert haben. Was wir von der antiken Lebensweisheit lernen können, ist, dies bewusst zu tun und uns darüber im Klaren zu sein, dass dies ein wichtiger Teil der zielgerichteten Persönlichkeitsentwicklung und beruflichen Weiterbildung ist. »Das Vorbild anderer sei deine Erziehung«[308], sagte Demonax, ein weiser Grieche. Er lebte im Athen des zweiten nachchristlichen Jahrhunderts und soll hundert Jahre alt geworden sein. Wenn er sich selbst an diese Maxime gehalten hat – und davon können wir nach allem, was wir über ihn wissen, ausgehen –, dann beweist seine Persönlichkeit, wie erfolgreich diese Methode im gesellschaftlichen und beruflichen Leben ist. So genoss Demonax ein sehr hohes Ansehen und hatte großen Einfluss auf seine Mitmenschen.

Dies belegt eine hübsche Anekdote, die über ihn erzählt wird. In der Volksversammlung von Athen war es zu einem erbitterten Streit zweier verfeindeter Parteien gekommen, der auszuarten drohte. Man rief nach Demonax, und sein bloßes Erscheinen genügte, um den Streit sogleich zum Verstummen zu bringen. Dann verließ er die Versammlung wieder, ohne ein Wort gesprochen zu haben. »Ohne streng zu sein, flößt der Weise Ehrfurcht ein; ohne zu reden, findet er Glauben«, heißt es in dem chinesischen »Buch der Riten, Sitten und Gebräuche«.[309]

Was kann ein Mensch nicht alles erreichen, wenn er eine solche Ausstrahlung hat? Wir müssen nicht hundert Jahre alt werden, um dahin zu kommen. Vielleicht genügt es, sich über die Bedeutung von Vorbildern klarzuwerden und konsequent zu befolgen, was Konfuzius für die Persönlichkeitsentwicklung empfahl: »Wenn du einen Besseren siehst, sei darauf bedacht, ihm gleich zu werden!«[310]

An einer anderen Stelle drückt er sich noch präziser aus, denn es geht nicht darum, zu werden wie das Vorbild, sondern von seinen vorbildlichen Qualitäten zu lernen: »Unter dreien ist bestimmt einer, von dem ich lernen kann. Ich suche die guten Eigenschaften heraus und folge ihnen. Ich sehe zugleich die schlechten Eigenschaften, um es besser zu machen.«[311] Welche Wichtigkeit Konfuzius selbst dieser Einstellung beigemessen hat, ist einer anderen Äußerung zu entnehmen:

Ich habe schon tage- und nächtelang über die rechte Art zu leben nachgedacht, nichts gegessen und nicht geschlafen. Ich versuchte, selbst darauf zu kommen. Das aber hat keinen Nutzen. Besser ist es, von anderen zu lernen.[312]

Vorbildlichkeit hat zwei Seiten. So wichtig es für die eigene Entwicklung ist, sich an Vorbildern zu orientieren, so wichtig ist es, selbst anderen ein gutes Vorbild zu sein. Dies gilt vor allem für Eltern, denn nichts erzieht nachhaltiger als das praktische Vorleben. Aber auch unter Freunden und am Arbeitsplatz können wir vieles bewirken, insbesondere in jeder Art von Führungsposition. Hier gilt es zum einen, uns stets bewusst zu sein, dass die Mitarbeiter in der Regel geneigt sind, uns als Vorbild wahrzunehmen; zum anderen gilt es, dem gerecht zu werden und das in uns gesetzte Vertrauen zu rechtfertigen. Wir können viel auf unsere Mitarbeiter einreden, sie zu Schulungen schicken oder ihnen einen Verhaltenskodex vorsetzen. Nichts aber ist so nachhaltig wie das eigene Vorbild. »Lang ist der Weg über Vorschriften, kurz und wirksam der durch das Beispiel«[313], meinte Seneca.

Diese Erkenntnis betrifft schließlich auch die Auswahl der Personen, die andere leiten sollen. Bei Konfuzius findet sich dazu folgender Dialog: Jemand fragte ihn, was Weisheit sei. Er antwortete: »Weisheit heißt die Menschen kennen.« Als der andere nicht sofort verstand, setzte er hinzu: »Man soll Gerades auf Verbogenes setzen, damit auch das Verbogene gerade werde.« Daraufhin ging der andere, verstand aber immer noch nicht, was der Meister hatte sagen wollen. Er fragte einen Dritten. Der antwortete:

Das sind bedeutungsvolle Worte. Als Shun Kaiser wurde und ihm die Leitung des Reichs anvertraut wurde, wählte er unter vielen eine hochangesehene Persönlichkeit aus und ernannte sie zum Minister. Da konnten die schlechten Menschen nicht mehr bestehen.[314]

Von jedem Menschen geht eine Wirkung auf seine Mitmenschen aus. Je erfolgreicher wir unsere eigene Persönlichkeit innerlich und äußerlich formen und bilden, umso größer wird unsere Wirkung und unsere Ausstrahlung auf unsere Mitmenschen werden, seien es Arbeitskollegen, Freunde oder Familienmitglieder.

Abschließend sei bemerkt, dass Konfuzius selbst zum größten Vorbild wurde, das die Welt je gesehen hat, denn die volkreichste und dauerhafteste Kultur, die wir kennen, die chinesische, folgt mit kurzzeitigen Unterbrechungen seit über 2500 Jahren seinen Lehren und seiner beispielhaften Lebensführung. Von allen Persönlichkeiten, die die Menschheit prägten, hielt Voltaire Konfuzius für die bedeutendste.[315] Der Kulturhistoriker Will Durant resümierte, die Lehre des Konfuzius

verlieh der Nation und jedem ihrer Bürger Würde und Tiefe, die nirgends in der Welt und in der Geschichte wieder erreicht worden sind ... Mithilfe dieser Philosophie entwickelte China ein harmonisches Gemein-

schaftsleben, eine glühende Bewunderung des Lernens und der Weisheit und eine ausgeglichene und stete Kultur, um jede Invasion zu überleben und jeden Eindringling zu assimilieren.[316]

Durant prophezeite der chinesischen Kultur, dass sie dereinst die geistige und ökonomische Weltherrschaft übernehmen werde:

Man kann sich die Möglichkeiten einer Kultur, die die physischen, arbeitsmäßigen und geistigen Anlagen eines solchen Volkes mit den technischen Errungenschaften der modernen Industrie verbinden würde, nicht groß genug vorstellen. Sehr wahrscheinlich wird sich dann ein solcher Reichtum in China entwickeln, wie ihn selbst Amerika nie gekannt hat, und wie so oft in der Vergangenheit wird China wieder auf dem Gebiet des Wohllebens und der Lebensweisheit die Führung in der Welt übernehmen.[317]

Er schrieb dies im Jahre 1935. Inwieweit die Lehren des Konfuzius in der einen oder anderen Weise zum gegenwärtigen wirtschaftlichen Boom Chinas beigetragen haben, ist schwer zu beurteilen. Es wird aber angenommen, dass der Konfuzianismus den modernen chinesischen Menschen immer noch in vielfältiger Weise prägt.[318]

PERLEN DER WEISHEIT

*Die physischen Eltern können wir uns nicht wählen,
wohl aber die geistigen.*[319]
Seneca

MERKSATZ

Der Weise orientiert sich an guten Vorbildern
und bemüht sich, selbst Vorbild zu sein.

PRAKTISCHE ANWENDUNG

*Manche kennen viele Lehren,
verstehen aber nicht,
nach einer einzigen zu leben.*[320]
Altes Ägypten

Das Wichtigste, aber auch Schwierigste bei aller Weisheit ist die Umsetzung, also die praktische Anwendung. Wir haben bereits gehört: »Die Menschen sagen alle: ›Ich weiß‹, aber sie stürzen blindlings ins Verderben. Wenn sie Maß und Mitte erwählt haben, so können sie nicht einen Monat lang daran festhalten.«[321] Konfuzius gestand sich ein, dass er im Wissen von der Weisheit zwar niemandem nachstehe, aber sich »im praktischen Leben immer wie ein Weiser zu verhalten – das habe ich noch nicht erreicht«[322].

Von Weisheit kann erst die Rede sein, wenn eine Einsicht auch umgesetzt und gelebt wird. Weise ist nicht der, der vieles weiß, sondern der, der danach lebt. »Theoretisches« Wissen ist dazu ohnehin nicht erforderlich. Wir haben schon gehört, dass sich unter den »Sieben Weisen« auch ein »ungebildeter« Bauer befand. Die Antike kannte eine reichhaltige Polemik gegen das bloße Bücherwissen. Die Inder nannten es ein ›tönernes Wissen‹. Es ist laut, aber bewirkt nichts. Für Sokrates war es überhaupt kein Wissen, wenn jemand zwar mit Erkenntnissen glänzte, aber nicht danach lebte. Das war für ihn Unwissenheit, Torheit. Ganz in diesem Sinne schreibt Aristoteles einmal:

Wissend ist eher jener, der das Wissen benutzt, als derjenige, der es bloß besitzt ... [323]

Als ein solches nutzbares Wissen scheint die Weisheit der Alten in Vergessenheit geraten zu sein. Viele ihrer Aussprüche sind zwar bekannt, werden aber von den wenigsten gelebt. Dies mag zwei Gründe haben. Der eine betrifft die Ebene des Wissens, der andere die Ebene der Umsetzung. Hinsichtlich des Wissens ist Folgendes festzustellen. Die Wahrheiten und Einsichten über eine gelungene Lebensführung, die in dem antiken Weisheitswissen erstmals zur Sprache kamen, sind entweder in den theoretischen Diskussionen der Folgezeit zerredet worden oder zu Gemeinplätzen verkommen, die jeder zu kennen glaubt und über die keiner mehr nachdenkt. So bleiben ihr tieferer Gehalt und ihre Bedeutung für unsere Lebensführung in Wahrheit unverstanden: »Fürwahr, mein Phaidros«, sagte Sokrates einmal, »ein Wort, das weise Männer gesprochen, darf man nicht einfach wegwerfen, sondern man muss es darauf ansehen, ob damit nicht wirklich etwas gesagt sei.« [324]

In dem chinesischen »Buch der Riten, Sitten und Gebräuche« wird der »Weg des Weisen« als ein Weg beschrieben, »offenbare Geheimnisse« zu entschlüsseln:

Nur wer weiß, wie man vom Nahen zum Fernen kommen kann, wer weiß, woher der Einfluss kommt, wer weiß, was das offenbare Geheimnis ist, der mag mit ihm zusammen eindringen in die Tiefen der Lebenskraft. [325]

Weisheiten sind »offenbare Geheimnisse«. Wer sich mit dem ersten oberflächlichen Verständnis begnügt, der dringt nicht ein in ihre Tiefen, aus denen heraus sie ihre eigentliche kraftvolle Wirkung entfalten.

Unverstandene oder nur oberflächlich verstandene Weisheiten werden nicht verinnerlicht. Sie werden nicht zu einem Teil unseres Denkens, Fühlens und Handelns. Ohne Verinnerlichung nutzen sie uns wenig. Wenn wir nicht den Zusammenhang einer Weisheit mit anderen Weisheiten verstehen und dieses Verständnis mit unserem ganzen Menschen- und Weltbild in Übereinstimmung bringen, dann begreifen wir kaum die Bedeutung einer Weisheit für unser Wohlbefinden. Nur gründlich Verstandenes, Sinnvolles, Zusammenhängendes, »Kohärentes« hat eine Chance, dauerhaft unser Bewusstsein zu prägen und auf diese Weise unser Verhalten tatsächlich zu beeinflussen. Wo eine Einsicht nicht »ans Herz greift«, wie die Alten sagten, da wird sie keine Wirkung haben. Die maßgeblichen Weisheitsschriften der antiken Denker wie die eines Demokrit, Epikur, Seneca, eines Laotse, Konfuzius, Zhuangzi, die eines Patañjali und Buddha werden zwar immer wieder neu übersetzt und veröffentlicht, ihre Inhalte aber werden häufig allenfalls zur Kenntnis genommen. Die Tür zu unseren tieferen inneren Schichten schließen wir ihnen nur selten auf. Sie schmücken unser Bücherregal, aber »des Weisen Weg ist schmucklos«[326]. Hören wir Weisheitssprüche wie »Erkenne dich selbst!«, »Nichts im Übermaß!«, »Der Weg ist das Ziel«, so kommen sie uns abgedroschen und platt vor. Aber dieser Schein trügt. »Das Wasser fließt so glatt dahin, und doch hat es unermessliche Tiefen: Darin gleicht es der Weisheit«, heißt es im »Buch der Riten, Sitten und Gebräuche«.[327] Wo wir diese Tiefen nicht ausloten, da kann von ihnen auch keine Wirkung auf unser Leben ausgehen. Von Selbsterkenntnis und Gelassenheit reden oder darüber etwas lesen ist das eine. Sich kontinuierlich darum bemühen, gelassener zu werden und sich besser kennenzulernen, ist etwas anderes.

Zur Umsetzung einer Lebensweisheit gehört demnach zunächst, dass wir etwas gründlich verstehen und uns das Verstandene immer wieder bewusst machen. Auf die Frage, was man am nötigsten zu lernen hätte, erwiderte Antisthenes: »Dem Verlernen vorzubeugen.«[328] Nehmen wir beispielsweise die Einsicht, dass eine zu starke Fixierung auf berufliche Ziele problematisch ist, etwa im Hinblick auf unseren Wunsch nach innerer Unabhängigkeit, Angstfreiheit, einem erfüllten Familienleben und mehr Gelassenheit. Um das Zuviel einer solchen Fixierung abzubauen, sollten wir uns beispielsweise Folgendes häufiger sagen: »Schön, wenn wir unser berufliches Ziel erreichen, aber das Leben geht weiter, auch wenn wir es nicht erreichen. Dann werden wir uns eben ein anderes berufliches Ziel vornehmen. Wer weiß, ob wir damit am Ende nicht sogar besser fahren.« Ein solches kontinuierlich wiederholtes Bewusstmachen wird seine Wirkung auf unsere Vorstellungen und Wertungen auf Dauer nicht verfehlen. In dem Maße, in dem unsere Zielfixiertheit abnimmt, wird unsere Unabhängigkeit und Gelassenheit zunehmen. Das gelingt nicht durch autosuggestives Einreden, sondern weil wir verstanden und erkannt haben, dass einzelne Ziele im Gesamtzusammenhang unserer Existenz nur einen relativen Wert haben.

Durch eine kontinuierliche Vergegenwärtigung einer Weisheit werden in unserem Gehirn die notwendigen

Synapsen verschaltet, die dazu führen, dass diese Weisheit aufleuchtet (»aufpoppt«), wenn wir sie brauchen:

Durch tägliche Einübung muss er (der Lernende) so weit kommen, dass heilsame Grundsätze sich ihm von selbst darbieten, dass sie ihm jederzeit und sofort zur Hand sind.[329] (Demetrios)

Geraten wir beispielsweise in eine Situation, in der wir Gefahr laufen, uns in eine Idee zu verrennen oder das richtige Maß zu überschreiten, so meldet sich die verinnerlichte Weisheit von der Schädlichkeit des Übermaßes und kann dabei helfen, die für uns richtige Entscheidung zu treffen und uns entsprechend zu verhalten. Haben wir die Weisheit aber nicht genügend verinnerlicht, so bleibt der Impuls aus. Die Gefahr erhöht sich, dass wir eine falsche Entscheidung treffen und einen Fehler begehen: »Wenn etwas im Sinn noch nicht erfasst und in der Übung noch nicht gewohnt ist, so wird es häufig übertreten«, sagte Konfuzius.[330]

Das leitet über zu dem zweiten Grund dafür, dass es uns so schwerfällt, erkannte Weisheiten auch zu leben. Der Grund findet sich nicht auf der Ebene des Verstehens, dem Intellekt, sondern bei der praktischen Umsetzung, dem weisen Handeln. Beides ist eng miteinander verbunden. Aristoteles, der bei aller Gedankentiefe nie die Nähe zur Lebenswirklichkeit verlor, stellte fest, dass der Mensch entweder aus Natur oder aus Gewohnheit etwas tut. Die Natur sei ihm angeboren, die Gewohnheit schaffe er sich selbst. Sie sei seine »zweite Natur«. Schon vor ihm meinte Demokrit, »Natur und Erziehung sind einander ähnlich; denn die Erziehung formt den Menschen um, und indem sie dies tut, erschafft sie (eine neue) Natur«[331]. Wer ein bestimmtes weises Verhalten dauerhaft annehmen will, sei es eine Handlung, ein Denkmuster, eine Haltung oder eine Wertvorstellung, der muss sie sich zur Gewohnheit machen: »Die Kenntnis einer Sache führt nur zu der Fähigkeit, darüber zu reden, die Gewöhnung dagegen zu der Fähigkeit, sie zu tun«, sagte der Stoiker Musonius.[332] Zur Gewohnheit aber wird etwas durch kontinuierliche Übung. »Alles ist Übung.«[333] (Periander) »Lernen und sich immer wieder darin üben«, forderte Konfuzius.[334] Er fand es nicht schlimm, wenn jemand einen Fehler mache. Aber daraus nicht zu lernen und ihn noch einmal zu begehen, das hielt er für töricht.

Sich etwas zur Gewohnheit machen bedeutet entweder, eine alte aufzugeben, eine neue einzuüben oder eine bestehende zu verändern. Jeder Zugewinn an Weisheit oder, was dasselbe ist, jede Persönlichkeitsentwicklung kann als eine Änderung von Gewohnheiten verstanden werden: »Wandel ist Wandel der Gewohnheit«, heißt es im »Buch der Riten, Sitten und Gebräuche«.[335] Gewohnheit ist hier in einer weiten Bedeutung zu verstehen und schließt insbesondere auch »Denkgewohnheiten« mit ein sowie Vorstellungen und Wertungen, Zu- und Abneigungen, Ängste und Hoffnungen.

Alles das ist keineswegs in uns festgeschrieben oder genetisch determiniert. Wir können unsere Denkgewohnheiten, Vorstellungen und Wertungen jederzeit auf den Prüfstand stellen, hinterfragen, abändern oder aufgeben. Das kann schwierig sein, wenn sie »eingefleischt« sind, es ist aber keineswegs unmöglich. Genau das ist und war immer die vornehmste Aufgabe der Philosophie: die eigenen Vorstellungen und Handlungen kritisch zu hinterfragen, Irrtümer und Fehlverhalten aufzudecken, Neues zu erkennen und zur praktischen Umsetzung anzuregen.

Der Charakter eines Menschen heißt im griechischen »tropoi«. Das ist der Plural des Wortes »tropos«, das die Art und Weise bezeichnet, wie jemand sich verhält und beträgt, mit anderen Worten: die Gewohnheiten eines Menschen. So kann unser Charakter als die Summe unserer Gewohnheiten im weitesten Sinne aufgefasst werden. Wie die Gewohnheiten zu einem Charakter werden, sehen wir an der Entwicklung und Erziehung unserer Kinder. Wenn sie zur Welt kommen, sind sie ganz Natur. Ihre Handlungen sind ungefilterter Ausdruck ihrer natürlichen Bedürfnisse. Haben sie Hunger, schreien sie und wollen essen, haben sie Durst, suchen sie die Brust, sind sie müde, schlafen sie, müssen sie ihr Geschäft machen, machen sie ihr Geschäft. Durch Gewohnheiten, die wir ihnen anerziehen oder zulassen, lenken wir das Verhalten unserer Kinder in die eine oder andere Richtung. Wir kanalisieren und formen die Art und Weise, wie sie ihre natürlichen Bedürfnisse ausleben. »Ihrer Natur nach sind die Menschen einander sehr nahe«, sagte Konfuzius einmal, »Gewöhnung aber entfernt sie voneinander.«[336] Erziehung ist das Einüben von Gewohnheiten. Wir gewöhnen die Kinder daran, an einem Tisch zu sitzen, mit der Gabel zu essen, aus einem Becher zu trinken, zu fragen, wenn sie etwas wollen, still zu sein und zuzuhören, wenn andere reden, bitte zu sagen, wenn sie etwas wollen. Wir gewöhnen sie an Zeiten des Essens und Schlafens, des Fernsehens und des Lesens. Alle Gewohnheiten haben sie direkt oder indirekt von uns, sei es, dass wir sie ihnen beigebracht haben, sei es, dass wir nicht eingeschritten sind, als sich eine Gewohnheit bildete.

Den Kindern Gewohnheiten beizubringen, ist nicht einfach, denn sie empfinden die Erziehung als eine Beschränkung ihrer natürlichen Bedürfnisse und sträuben sich dagegen. Andererseits ist es wesentlich leichter, kleinen Kindern Gewohnheiten beizubringen, als Jugendlichen oder Erwachsenen. Denn kleine Kinder haben noch keine Gewohnheiten. Wir müssen »nur« den Widerstand der natürlichen Bedürfnisse überwinden, nicht aber den bereits angenommener Gewohnheiten. Es ist wesentlich leichter, eine Gewohnheit einzuüben, wo noch keine ist, als eine vorhandene Gewohnheit durch eine andere zu ersetzen. Gleichwohl bleibt Erziehung schwierig. Die Kinder wehren sich gegen jede Maßregel, häufig durch Schreien, Weinen und energische Widerspenstigkeit. Wer hier nachgibt, hat verloren. »Nichts soll er (der Knabe) durch Zornsucht ertrotzen«, meinte Seneca.[337]

Die Mittel, die wir gebrauchen, um dem Kind erfolgreich eine Gewohnheit beizubringen, sind dieselben, die wir bei uns selbst anwenden müssen, wenn wir unser Verhalten ändern wollen: Entschlossenheit, Selbstbeherrschung, Beharrlichkeit und Konsequenz. Da kleine Kinder diese Fähigkeiten noch nicht besitzen, müssen die Eltern für die Kinder einspringen. Wir müssen den natürlichen Widerstand des Kindes überwinden, sei es durch verständiges und einfühlsames Zureden, durch Versprechen einer Belohnung, durch deutliche Worte, immer aber durch Beharrlichkeit und Konsequenz. Das gleiche Schema müssen wir anwenden, wenn wir unsere eigenen Widerstände und Trägheiten überwinden wollen, um eine neue Gewohnheit anzunehmen. Scheitern wir, so werden wir die negativen Folgen über kurz oder lang zu spüren bekommen: »Je mehr man dem einzigen

Söhnchen (oder sich selbst) nachsieht …, umso trauriger steht es um ihre Seele. Der wird den Unbilden nicht gewachsen sein, dem niemals etwas abgeschlagen worden ist …«[338] (Seneca). Ohne Entschlossenheit und Beharrlichkeit wird uns weder eine gute Erziehung noch die Weiterentwicklung unserer eigenen Persönlichkeit gelingen.

Aber wie wir bei uns selbst hin und wieder »fünf gerade sein« lassen sollten, so gibt es auch Grenzen für erzieherische Strenge. Und wie es bei der Lebensführung keine wissenschaftlich exakte Bestimmung von Maß und Mitte gibt, vielmehr alles auf die konkreten Umstände ankommt – weil Weisheit Lebenskunst ist –, so gilt es auch im Umgang mit den eigenen Kindern wie mit uns selbst, eine »goldene Mitte« zwischen Strenge und Nachgiebigkeit zu finden. Denn »Milde ist die Wurzel der Menschlichkeit«[339]. Von Konfuzius hieß es: »Unser Meister ist milde, einfach, ehrerbietig, mäßig und nachgiebig: dadurch erreicht er es.«[340]

Aus der Wesensverwandtschaft von Kindes- und Selbsterziehung wird verständlich, warum die Alten meinten, dass nur derjenige andere gut erziehen kann, der sich selbst gut erzogen hat: »Wer sich selbst nicht geradezurichten versteht, wie sollte der andere geraderichten können«, meinte Konfuzius.[341] Um sich etwas anzugewöhnen oder eine Gewohnheit zu verändern, um »weiser« zu werden, ist kein großer Zeitaufwand nötig, wohl aber Entschlossenheit und Beharrlichkeit. Wenn wir etwas wirklich wollen und uns ständig darin üben, ist alles möglich: »Es heißt, eine Alte habe jeden Tag ein Kälbchen hochgehoben und am Schluss einen Ochsen getragen«, sagte ein römischer Philosoph.[342] Das Zähneputzen haben wir uns nicht dadurch angewöhnt, dass wir uns anfangs einen halben Tag lang die Zähne geputzt haben, sondern dass wir es über Jahre hinweg täglich getan haben. So werden wir auch nicht an einem Tag weiser. Wir brauchen Zeit dazu. Aber auch viele Tage reichen nur dann, wenn wir konsequent an der Übung festhalten, sei es auch nur ein paar intensive Minuten am Tag. Weisheit ist ein »Geschenk der Beharrlichkeit«, sagte Seneca.[343] Im chinesischen »Buch der Wandlungen« heißt es: »Die Dauer ist die Art des Weisen.«[344]

Selbst wenige Minuten werden uns anfangs Mühe machen. Unsere Trägheit hat es sich in dem alten Trott bequem gemacht und nutzt jede Gelegenheit, um ihn wieder aufzunehmen. Ohne einen Lehrer oder ein leuchtendes Vorbild scheitern viele. Das gilt für eine weisere Lebensführung ebenso wie für jede Persönlichkeitsentwicklung. Gelingt es uns aber, etwas über einen längeren Zeitraum hinweg einzuüben, so wird uns diese Übung immer leichter. Am Ende macht sie uns Freude und wird zu einem echten Bedürfnis, das uns fehlt, wenn wir einmal meinen, keine Zeit dafür zu haben: »Lang und steil ist der Weg am Anfang«, sagte der griechische Dichter Hesiod, »dann aber zieht er leicht dahin.«[345] Vielleicht ist diese Leichtigkeit und Freude einer schönen Gewohnheit der Grund dafür, warum die Alten meinten, wer einmal weise geworden sei, der werde es immer bleiben, denn »die Weisheit fällt nicht in Unwahrheit zurück«[346] (Seneca).

Jeder, der über einen längeren Zeitraum Sport betrieben hat, kennt dieses Phänomen. Die ersten Male sind eine ziemliche Quälerei. Nicht wenige verlieren schnell die Geduld und springen ab. Wird diese Phase aber überwunden, macht Sport zunehmend Freude und wird am Ende zu einem wohltuenden inneren Bedürfnis. Den Erfolg wird niemand bezweifeln. Ebenso ist es auch mit der Weisheit. Sie ist Seelensport, mentales Training. »Glück« erwerben wir uns »durch eine Art Training«, meinte Aristoteles.[347] Leider ist dieser Seelensport längst noch nicht so populär wie regelmäßiges körperliches Training. Dabei ist er mindestens genauso wichtig, nicht nur für unser psychisches, sondern auch für das leibliche Wohlbefinden. Das »mens sana in corpore sano«, dass ein gesunder Geist nur in einem gesunden Körper wohnt, gilt auch umgekehrt: Ein gesunder Körper braucht einen gesunden Geist.

Meiner Ansicht nach nämlich steht es nicht so, dass ein tüchtiger Leib durch diese seine Tüchtigkeit auch die Seele gut macht, sondern umgekehrt, dass eine weise Seele durch ihre Tüchtigkeit dem Leibe die denkbar beste Ausbildung gibt.[348] (Platon)

Für den griechischen Philosophen Demokrit war der gesunde Geist daher das Wichtigere:

Den Menschen geziemt es, sich mehr um die Seele als um den Leib zu kümmern. Denn Vollkommenheit der Seele richtet die Schwäche des Leibes auf; Leibesstärke aber ohne Verstand macht die Seele um nichts besser.[349]

Die meisten Krankheiten, ihre Dauer und die Art, wie sie verlaufen, haben (mindestens auch) psychische Ursachen:

Leiden, Gemütsstörung (Depression wegen der Nichterfüllung von Wünschen), Körperschwäche, unnatürliches Ein- und Ausatmen sind die Begleiterscheinungen eines zerstreuten Geistes.[350] (Patañjali)

»Zerstreuter Geist« steht hier für jede Art seelischer Unausgeglichenheit. Es ist kein Zufall, dass sich bei den alten Griechen die Weisheit aus Gesundheitsregeln entwickelt hat. Wir haben bereits gehört, dass ihre höchste Tugend, die »Besonnenheit« (griechisch: sophrosyne), sich aus dem Verb »gesund denken« herleitete. Weise Lebensführung war und ist ein Gesundheitsprogramm, ein »langanhaltender Heilungsprozess unserer Seele«[351] (Seneca). Es ist ein gelebtes Wissen, das zu nachhaltiger seelisch-körperlicher Gesundheit und Zufriedenheit führt.[352]

Was wir also tun können, um an Weisheit zu gewinnen, ist ein kontinuierliches Eintrainieren weiser Gedanken und Verhaltensformen. Wie aber können wir uns ein solches Üben konkret vorstellen? Die Antike hatte einen ganzen Katalog unterschiedlicher Übungen entwickelt, um das Weisheitswissen wach und präsent zu halten und seine praktische Umsetzung zu gewährleisten. Es waren vor allem Techniken der Selbstprüfung und Sammlung, der Wiederholung und Vergegenwärtigung von Einsichten und Weisheitsregeln. In enger Anlehnung an diese alten Techniken sollen im Folgenden Beispiele für Übungen gegeben werden, die die wichtigsten Aspekte antiker Lebensweisheit betreffen. Für alle Kapitel dieses Buches lassen sich mithilfe des nachfolgenden Schemas ähnliche Übungen zusammenstellen. Es sei aber noch einmal betont, dass es weniger darauf ankommt, punktuell viel Zeit auf eine Übung zu verwenden, als sie regelmäßig und über einen längeren Zeitraum zu praktizieren, bis sie verinnerlicht ist. Es ist ferner wichtig, dass wir uns immer wieder den Sinn und Nutzen einer solchen Übung vergegenwärtigen, damit sie sich nicht in ein seelenloses Ritual verwandelt, denn weise Lebensführung gelingt nur mit einem denkenden, wachen und selbstkritischen Bewusstsein.

Über sich nachdenken (Selbsterkenntnis):
- Sich achtsam beobachten und sich schriftlich Rechenschaft geben
- Aussprache mit dem Freund/Partner suchen
- Einschlägige Bücher lesen und über bedeutsame Weisheiten nachdenken

Zeiten für Selbstbesinnung reservieren (Sammlung):
- Auf Ruhepausen achten (wer arbeitet, muss ruhen)
- Abschalten (wer effektiv arbeitet, muss effektiv ruhen)
- Urlaubsreisen (Abstand schaffen, sich wiederfinden)

Den wichtigen Bedürfnissen nachgehen (Wagenlenker):
- Nichts übertreiben, nichts vernachlässigen!
- Zeit für die anderen finden (Familie, Freunde)
- Zeit für andere Interessen finden (Sport, Hobby, Musik, Kunst)

Die eigenen Grenzen erkennen (Hybris):
- Jede Überheblichkeit vermeiden
- Das eigene Wissen in Frage stellen
- In guten und schlechten Zeiten an Wandel und Vergänglichkeit denken

Menschlicher werden (Mitmenschlichkeit, Mitgefühl):
- Im anderen sich selbst wiedererkennen (verstehen)
- Die Stärken der anderen zum Vorbild nehmen
- Die Schwächen der anderen zur Selbstprüfung nutzen

Innere Ruhe bewahren (Gelassenheit):
- Sich stets auf ein Scheitern vorbereiten
- Die äußeren Werte relativieren, die inneren Werte stärken
- Bei Misserfolg die Perspektive wechseln und den Vorteil suchen

PERLEN DER WEISHEIT

*Nicht das bloße Wissen macht glücklich,
sondern die Tat.*[353]
Seneca

MERKSATZ

Der Weise übt kontinuierlich
weises Verhalten.

HEITERKEIT

*Der Weise ist voller Freude,
heiter, zufrieden, unerschütterlich.*[354]
Seneca

Wenn wir die Antike danach befragen, wie sie sich den allgemeinen seelischen Zustand eines »weisen Menschen« vorgestellt hat, so können wir den Texten häufig die Antwort entnehmen: als eine »heitere Gelassenheit«. Darunter verstanden die alten Denker nicht oberflächliche Fröhlichkeit, sondern innere Zufriedenheit, tiefe, stille Freude. So sagte Demokrit:

> *Endziel (des Lebens) ist die Seelenheiterkeit, die keineswegs zusammenfällt mit der Lust, ... sondern ein Zustand, in welchem die Seele ein friedliches und gleichmäßiges Dasein führt, von keiner Furcht, von keinem Aberglauben oder sonst welcher Störung aus dem Gleichgewicht gebracht.*[355]

Diese »Seelenheiterkeit« spiegelt sich wider in der offenen und einnehmenden Ausstrahlung eines weisen Menschen. Wenn Konfuzius Muße fand, »so bot er den Anblick eines friedvoll-gelösten und frohgelaunten Menschen«[356]. Heitere Gelassenheit kann als Zielvorstellung und Gradmesser für unsere Fortschritte auf dem Weg zu einer weisen Lebensführung dienen. Alle bisher behandelten Aspekte von Weisheit laufen darauf hinaus, dass heitere Gelassenheit zur Grundstimmung des eigenen Lebens wird.

Die zunehmende Erkenntnis und Harmonisierung der inneren Bedürfnisse und Kräfte fördert die innere Ruhe. Das wachsende Verständnis für sich und die anderen vermindert negative Emotionen und nutzlose Energieverluste. Das Bewusstsein der eigenen Grenzen bewahrt uns vor Überheblichkeit und Arroganz, die immer das Vorstadium von Scheitern und Frustration sind. Das Wissen um den ständigen Wandel sämtlicher Rahmenbedingungen – einschließlich der persönlichen Umstände – versöhnt uns mit der Welt und dem Schicksal und sensibilisiert uns für den richtigen Zeitpunkt einer Entscheidung. Das rechte Maß bewahrt einerseits vor einseitigen Übertreibungen, andererseits vor der Vernachlässigung wesentlicher Bedürfnisse. So fördert es körperliche und seelische Gesundheit. Die Stärkung der inneren Unabhängigkeit vermindert den Druck durch innere und äußere Anforderungen, so dass wir Misserfolge ertragen und Erfolge dankbar genießen können, ohne unsere Mitte zu verlassen, ohne unser Selbstwertgefühl und unsere innere Geborgenheit zu verlieren. Alles das trägt dazu bei, dass wir gelassener und heiterer werden.

Wenn wir also kontinuierlich daran arbeiten, unser persönliches und soziales Leben in all diesen Aspekten weise zu gestalten, entwickeln wir unsere Persönlichkeit, wir steigern unsere sozialen Kompetenzen und erlangen eine stetig wachsende innere Ausgeglichenheit. Wir gewinnen an Souveränität und damit an Gelassenheit und Heiterkeit. Dies wiederum garantiert langfristig und nachhaltig den persönlichen wie auch den beruflichen Erfolg, sind doch beide innerlich miteinander verbunden. Es war ein Kaiser, Mark Aurel, der sagte, dass derjenige, der der Weisheit in jeder Hinsicht folge, »zugleich voll innerer Ruhe und Beweglichkeit, voll Heiterkeit und Ernst ist«[357].

Ein Zustand heiterer Gelassenheit ist demnach die Grundstimmung einer zur Weisheit gereiften Persönlichkeit. Wie alle Stimmungen unterliegt sie Schwankungen. Diese verringern sich allerdings mit zunehmender Weisheit. So werden Missstimmungen, wie sie sich selbst bei sehr ausgeglichenen Menschen einstellen können und manchmal nur im Wetter ihre Ursache haben, geduldiger ertragen. Die positive Grundstimmung wird wieder schnell zurückkehren und dominieren. Sie hat eine beträchtliche Wirkung auf die Umwelt. Die Mitmenschen werden die positive Ausstrahlung nach den Gesetzen der Spiegelneuronen mit positiven Gefühlen erwidern. Durch diese Rückwirkung wiederum verstärkt und stabilisiert sich die eigene Gelassenheit. So besteht eine enge Wechselwirkung zwischen der heiteren Gelassenheit als Ausdruck der persönlich-sozialen Kompetenz (Weisheit) und einem erfolgreichen sozialen Verhalten, sei es im Beruf, in der Familie oder im Umgang mit Freunden oder unbekannten Dritten.

Nun ist die heitere Gelassenheit keine Eigenschaft, die wir uns einfach so angewöhnen oder »aufsetzen« können. Sie ist das Ergebnis einer weisen Lebensführung, bei der wir den verschiedenen Aspekten unseres physischen wie seelischen Lebens zunehmend gerecht werden. Die jeweilige Erscheinungsform dieser Heiterkeit hängt von dem individuellen Charakter des Einzelnen ab und reicht von einer stillen, inneren Freude bis hin zu einer ausgelassenen Heiterkeit. Sie ist aber, wenn sie von Weisheit getragen wird, nie überschäumend. Sie ist eine »Freude ohne Zügellosigkeit«[358], wie es Konfuzius einmal ausdrückte. »Freu' dich im Herzen, aber frohlocke nicht«, dichtete Homer.[359]

Der griechische Philosoph Epikur hatte eine schwere Jugend, erreichte aber ein so hohes Maß an Weisheit, dass ihn seine Schüler und Freunde am Ende wie einen Heiligen verehrten. Er liebte das Leben und hatte verstanden, es auf die beste Weise zu genießen, war aber gerade deshalb sehr genügsam. Seine Philosophie und seine Aussprüche wirken bis heute nach. Einer seiner Aussprüche lautete: »Man muss gleichzeitig lachen und philosophieren und sein Haus verwalten und alles Übrige tun.«[360] Gelingt uns das, werden wir am Ende vielleicht auch von uns sagen können, was Epikur seinen Anhängern zurief: »Wir werden aus dem Leben heraustreten mit einem schönen Lobgesang, verkündend, dass wir gut gelebt haben.«[361] Wer im Angesicht des herannahenden Todes das von sich sagen kann, der hat höchste Weisheit erlangt.

PERLEN DER WEISHEIT

*Worin der Weise sein eigentliches Wesen sieht,
das ist Liebe ... und Weisheit. Die wurzeln
ihm im Herzen, und die Wirkungen, die sie nach
außen hervorbringen, zeigen sich in der milden
Heiterkeit seines Gesichts ...* [362]

Menzius

MERKSATZ

An dem Grad heiterer Gelassenheit
ermessen wir die Fortschritte unserer
Persönlichkeitsentwicklung und
den Zuwachs an Weisheit.

EINFACHHEIT

Der Weise lebt einfach und schlicht.[363]
Zhuangzi

Mag der Weg auch beschwerlich sein – am Ende wird alles einfach. Am Ende des Weges zur Weisheit, der eigentlich kein Ende hat, erlangen wir drei kostbare Eigenschaften: innere Ruhe, heitere Gelassenheit und Einfachheit. Es ließe sich noch anderes nennen, wie Freiheit von Angst und Sorgen, eine Zunahme von Menschlichkeit und Liebe, Selbstgenügsamkeit und Authentizität. Aber am charakteristischsten und für Außenstehende am auffälligsten dürften diese drei menschlichen Qualitäten sein. Mag es uns anfangs auch viel Selbstbeherrschung und Selbstüberwindung, viel Anstrengung und Beharrlichkeit kosten, mag es eine große Herausforderung sein für unsere intellektuellen und seelischen Kräfte, je weiter wir fortschreiten, umso leichter, angenehmer und einfacher wird alles. Und es sei daran erinnert, dass jeder noch so kleine Schritt ein Fortschritt ist und seine Belohnung bereits in sich trägt.

Wenn wir an Weisheit gewinnen, so stärken wir kontinuierlich unsere geistig-seelischen Kräfte und Fähigkeiten. Wir erlernen Denk- und Verhaltensweisen, mit denen wir die kleinen und großen Probleme des Alltags im beruflichen wie im privaten Leben besser bewältigen und die Wucht ihrer Erschütterungen, mit denen sie nicht selten über uns hereinbrechen, abfedern können. Wir haben diese Kräfte und Fähigkeiten und ihr Zusammenspiel in den vorhergehenden Kapiteln kennengelernt. Es sind Selbst- und Menschenkenntnis, die Fähigkeit zur Sammlung, Gelassenheit und Duldsamkeit, der Umgang mit Tod und Vergänglichkeit, Wandelbarkeit und Loslassenkönnen, Perspektivwechsel, innere Ausgeglichenheit, die Fähigkeit zur Vermeidung von Über- und Untermaß, Selbstbeherrschung und Beharrlichkeit, innere Unabhängigkeit, die Fähigkeit zu Mitgefühl, Liebe und Freundschaft. Obgleich all diese Aspekte der Lebensbewältigung jedem einleuchten, ist ihre Umsetzung im Alltag schwierig. Besonders am Anfang, wenn wir in unserem Verständnis von Weisheit noch nicht tief genug vorgedrungen sind oder es bei der praktischen Anwendung an Konsequenz und Ausdauer fehlt, fällt uns eine weise Lebensführung schwer, denn wir müssen unsere Gewohnheiten ändern und unsere Trägheit überwinden.

Lassen wir uns nicht beirren. Die Forderung, unser Weisheitswissen ständig zu vertiefen und einzuüben, sollte nicht zu dem Trugschluss führen, eine weise Lebensführung sei eine permanente intellektuelle Höchstleistung. In der Entwicklung unserer Weisheitskompetenz wie in der Entwicklung unserer Persönlichkeit findet eine merkwürdige Kreisbewegung statt: »Ein jedes kehrt zurück zu seiner Wurzel«[364], hat Laotse gesagt. Aristoteles hatte eine ähnliche Vorstellung. Ihm zufolge bedeutet die Verwirklichung unserer eigenen Bestimmung, dass wir zu dem zurückkehren, was von Anfang an in uns angelegt war. So verhält es sich auch mit der Weisheit. Sie beginnt mit dem einfachen Wunsch, glücklich zu sein, denn »wir sind dazu geschaffen, glücklich zu sein«[365]

(Epiktet). Dann tauchen einzelne Wünsche, Sehnsüchte und Bedürfnisse auf und mit ihnen die Probleme ihrer Realisierung: Hoffnungen, Ängste, Enttäuschungen. Der Lebensvollzug wird komplex. Wir verstricken uns in vielfältige Lebensbezüge, die uns erfüllen, aber nicht selten auch große Probleme bereiten können. Häufig lassen sie keinen Raum mehr für uns selbst.

Wenn wir an Lebensweisheit hinzugewinnen, so lernen wir, diese Komplexität zu bewältigen, und sei es dadurch, dass wir sie einfach abbauen. Je weiser und reifer unsere Persönlichkeit wird, desto kleiner werden die Sorgen und Ängste. Unsere äußeren Ziele und Wünsche relativieren sich und nehmen uns nicht mehr gefangen. Die Anspannung, das Gefühl, getrieben zu werden, der innere Druck lassen nach. Wir werden gelassener, ausgeglichener, selbstgenügsamer. Es gelingt uns, unsere Lebensziele neu zu bestimmen. Die Prioritäten verschieben sich. Anstelle unserer nach außen gerichteten Wünsche, Sehnsüchte und Bedürfnisse, lernen wir, unser bloßes Dasein wertzuschätzen und zu genießen. Wir entdecken, dass »die Empfindung des Lebens an sich lustvoll ist«[366] (Aristoteles). Unsere Aufmerksamkeit nimmt statt weitgesteckter beruflicher und persönlicher Ziele zunehmend das Hier und Jetzt in den Fokus. Wir werden achtsamer auf das Heute, auf die Freuden des Alltags. Wir wollen weniger und erleben gerade deshalb mehr. Vom ehrgeizigen und rastlosen Gestalter unserer Karriere werden wir zunehmend zum reinen Betrachter und Genießer der Welt. Das ist weniger ein äußerer als ein innerer Prozess. Es kann sogar sein, dass sich äußerlich gar nichts ändert. Wir gehen nach wie vor unserem Beruf nach und verfolgen hier wie im Privaten unsere Ziele. Diese Ziele haben aber nicht mehr diese beherrschende Bedeutung, die sie vorher für uns hatten. Mit fortschreitender Lebensweisheit werden wir selbstgenügsam und brauchen immer weniger, um zu genießen und Glück zu erleben. Kleine Dinge machen uns Freude, wie uns früher ein neues Auto, ein Haus, eine Beförderung oder ein Urlaub gefreut haben: Wir kehren gleichsam zurück an den Anfang unseres Lebens, nämlich zu der Freude am einfachen Lebensvollzug. In der Fähigkeit zum intensiven unmittelbaren Erleben des Hier und Jetzt werden wir, wie die Chinesen meinten, wie kleine Kinder, die nur in der Gegenwart leben und weder gestern noch morgen kennen:

Vier große Wandlungen durchläuft der Mensch von seiner Geburt bis zu seinem Ende: Säuglingsalter und Kindheit – Jugend und Mannheit – Alter und Greisentum – Dahinsterben und Vergehen. Als Säugling und Kind sind seine Lebenskräfte gesammelt, und sein Wille ist auf eins gerichtet: sein Höchstmaß ist das des Gleichklangs mit sich selbst. Nicht verletzen kann ihn die Außenwelt, seine Seelenstärke ist unübertrefflich.[367]

Diese Vorstellung mag uns zunächst befremdlich vorkommen, müssen doch kleine Kinder erst noch lernen, was zum Überleben notwendig ist. Sie brauchen unseren Schutz und scheinen gerade über »Seelenstärke« noch nicht zu verfügen. All das dürfte nicht gemeint sein. Was die Chinesen bei den Kindern bewunderten und als erstrebenswert ansahen, kommt in den Worten »Gleichklang mit sich selbst« und in der »Sammlung der Lebenskräfte« zum Ausdruck. Es ist das völlige Aufgehen im

Hier und Jetzt, die vollkommene Präsenz und Achtsamkeit für den gelebten Moment. Kleine Kinder besitzen sie, aber uns Erwachsenen geht sie häufig verloren, weil wir gedanklich und emotional in unsere Sorgen und Pläne verstrickt sind und nicht abschalten können:

> *… Sich freihalten und einfältig (einfach) sein in allem, was man tut, das ist das Mittel zur Erhaltung des Lebens, weiter nichts … Wahrlich, ich sage dir, kannst du sein wie ein Kind? Ein Kind bewegt sich und weiß nicht, was es tut, es geht und weiß nicht, wohin … Wenn man also ist, so naht uns weder Leid noch Glück (im Sinne schädlicher Leidenschaft). Wenn man frei ist von Leid und Glück, dann ist man dem Menschenelend entronnen.*[368]

Ebenso lebt der vollkommene Weise spontan, ohne (erneut) nachdenken zu müssen, und tut doch stets das Richtige. »Einfältig« meint hier nicht dumm, unbedarft, naiv, sondern einfach und gesammelt im Gegensatz zu zerstreut, unkonzentriert und abwesend. An anderer Stelle heißt es, die letzte Stufe der kulturellen Entwicklung sei es, »wenn man zum bloßen Gefühl zurückkehrt, um die ursprüngliche Einfalt (Einfachheit) wiederherzustellen«[369].

»Ein jedes kehrt zurück zu seiner Wurzel.« Das heißt nicht, dass wir uns die Weiterentwicklung unserer Persönlichkeit gleich ganz ersparen und auf Lernen und Selbsterforschung verzichten könnten. Unser natürliches Bedürfnis nach einer Einstimmigkeit (»Kohärenz«) unseres Fühlens, Denkens und Handelns verlangt von uns, dass wir uns und die Welt dem jeweiligen Niveau unseres Intellekts entsprechend verstehen. Wo Irrtum, Täuschung und Fehler herrschen, da sollen wir dazulernen. Wo wir noch nicht die richtigen Gewohnheiten haben, da sollen wir üben und uns ändern. Häufig stellt sich die angestrebte Einfachheit erst nach einer langen Entwicklung mit etlichen Umwegen, Irrtümern, Erfahrungen und Rückschlägen ein. Häufig ist sie erst das Resultat eines intensiven seelisch-geistigen Reifungsprozesses. Dieser Kreisbewegung bei der persönlichen Entwicklung entspricht die Kreisbewegung des Weisheitsdenkens selbst. Es beginnt mit einfachen Weisheitssprüchen, erreicht im Nachdenken Tiefe und Komplexität, um am Ende wieder zu den einfachen Grundworten zurückzukehren: »Erkenne dich selbst!«, »Nichts zu sehr!«, »Übung ist alles«, »Siehe auf das Ende«, »Lebe einstimmig«.

Haben wir uns diesem Reifungsprozess aktiv gestellt und ihn weit und erfolgreich durchlaufen, so wird das Leben nicht komplizierter oder feingeistiger, sondern im Gegenteil: Es wird einfacher. Wenn wir »die Knoten des Herzens lösen«[370], wie es in den Upanishaden heißt, wird das Verwickelte zum Einfachen. Am Ende brauchen wir keine Weisheitsbücher mehr (obwohl sie nie schaden). Sie sind, wie die Buddhisten sagen, nur das Boot, das uns zum Ufer der Erleuchtung (Weisheit) hinüberführt. Wer wirklich weise ist, meinte Platon, philosophiere nicht mehr.[371] Der chinesische Philosoph Zhuangzi hat diesen Kreisgang der Persönlichkeitsentwicklung auf die treffende Formel gebracht:

Nach all dem Schnitzen und all dem Gestalten
muss man sich wieder zur Einfachheit halten.[372]

Dieser große Daoist in der Nachfolge des Laotse kann als der Philosoph der Einfachheit bezeichnet werden. In seinem Leben und Schreiben findet sich die dynamische Spannung von Tiefe und Einfachheit aller Weisheit widergespiegelt. Obwohl ein scharfer Kritiker kultureller Missstände und Verbildungen, war er selbst von großer Belesenheit und liebte die philosophische Reflexion ebenso wie die geistige Auseinandersetzung mit Gleichgesinnten. Aber er wusste, dass am Ende das einfache Hier und Jetzt zählt. Er nannte es auch das »Schloss des Nicht-Seins« und meinte mit »Nicht-Sein«, dass wir nicht mehr (übermäßig) getrieben werden von Wünschen und Begierden, nicht mehr beunruhigt werden von Sorgen und Ängsten, »Nicht-Sein« bedeutet »Nicht-verhaftet-Sein«. Er nannte diesen Zustand auch »Eins-Sein«, weil wir eine ungeteilte Ganzheit erlangen, die nicht mehr aufgespalten werden kann in einen Menschen, der anwesend ist, und in einen Menschen, der in seinem Denken und Tun ganz woanders ist:

Versuche es, mit mir zu wandern in das Schloss des Nicht-Seins, wo alles Eins ist. ... Versuche es, mit mir zu kommen ... zur Einfalt und Stille, zur Versunkenheit und Reinheit, zur Harmonie und Ruhe.[373]

An anderer Stelle nennt er eine solche gesammelte Lebensweise eine »Wanderschaft, bei der man die Wahrheit pflückt«[374]. Gemeint ist eine vollständige innere Gelassenheit und Losgelöstheit, die den Moment genießen kann (»die Wahrheit pflücken«). Wir sind nicht mehr unseren Wünschen und Sehnsüchten verhaftet, wir haben innerlich losgelassen. Wir sind präsenter und erleben immer häufiger die Freude des Augenblicks. Am Ende genügt uns das bloße Gewahrsein: Wir werden zum scheinbar teilnahmslosen Betrachter der Welt und sind schon glücklich im bloß erkennenden und verstehenden Schauen. Wo in den alltäglichen Kleinigkeiten Schönheit auftaucht, da erleben wir sie mit »interesselosem Wohlgefallen«. Weisheit und Lebenskunst sind eins geworden. Das gute Leben ist zu einem Kunstwerk, zu einem schönen Leben geworden. Weise Lebensführung ist auch ästhetische Lebensgestaltung. Das war die Grundauffassung der alten Griechen, die sie mit dem Ideal der »schönen Seele« beschrieben haben.[375] Sie ist das Ergebnis der Selbstbildung, der Selbsterziehung, der eigenverantwortlichen Persönlichkeitsentwicklung. Wir sind der Baumeister unseres Lebens. Unser Leben ist unser Kunstwerk:

Als jemand dem Diogenes von Sinope sagte: »Ich tauge nicht zur Philosophie«, entgegnete dieser: »Wozu also lebst du, wenn dir nichts daran liegt, dein Leben schön zu gestalten?«[376]

Der Zustand großer Weisheit, der Freude in dem einfachen Erlebnis der kleinen und großen Begebenheiten des alltäglichen Lebens findet, darf nicht mit Weltabgewandtheit, Passivität oder Esoterik verwechselt werden. Äußerlich können wir – wie gesagt – ein ganz normales Leben führen. Innerlich aber gelangen wir zu großer Ruhe und Ausgeglichenheit, einem Grundgefühl von Freude und Erfüllung, das unser Leben begleitet und sich jederzeit an den kleinsten Anlässen zu einem Gefühl von Glück verdichten kann. Es ist das, was die Weisen des Altertums in West und Ost als das höchste menschenmögliche Glück bezeichnet haben. Und was erstaunlich ist: Dieser Zustand schenkt uns eine Energie, mit der wir im

Äußeren und Beruflichen letztlich mehr erreichen und »erfolgreicher« sind, als wenn wir aus zerstreuter Vielgeschäftigkeit heraus handeln. Das ist es, was die chinesischen Daoisten meinten, wenn sie immer wieder betonten: »Er (der Weise) braucht nichts zu machen und vollendet doch.«[377]

Über das Glück des gesammelten, einfachen Lebensvollzugs und seine Gefährdungen durch kulturelle Errungenschaften und intellektuelle Verirrungen, wie sie heute vor allem von einem globalen Industrialismus, von digitaler Komplexität, weltweiter Vernetzung und leider auch von unserem Bildungssystem ausgehen, hat bereits Zhuangzi eine hübsche Geschichte erzählt. Entkleiden wir sie aller historischen Umstände und Ausdrucksweisen und lesen sie im Hinblick auf die Probleme vieler moderner Menschen, die häufig aus der Verlorenheit inmitten einer ruhelosen Vielgeschäftigkeit herrühren, so scheint der Wahrheitsgehalt dieser Geschichte ungebrochen. Sie heißt »Der Ziehbrunnen«. Dsï Gung, ein Schüler des Konfuzius, sah auf einer seiner Wanderungen …

> *… einen alten Mann, der in seinem Gemüsegarten beschäftigt war. Er hatte Gräben gezogen zur Bewässerung. Er stieg selbst in den Brunnen hinunter und brachte in seinen Armen ein Gefäß voll Wasser herauf, das er ausgoss. Er mühte sich aufs äußerste ab und brachte doch wenig zustande.*
> *Dsï Gung sprach: »Da gibt es eine Einrichtung, mit der man an einem Tag hundert Gräben bewässern kann. Mit wenig Mühe wird viel erreicht. Möchtet Ihr die nicht anwenden?«*
> *Der Gärtner richtete sich auf, sah ihn an und sprach:*

»Und was wäre das?« Dsï Gung sprach: »Man nimmt einen hölzernen Hebelarm, der hinten beschwert und vorn leicht ist. Auf diese Weise kann man das Wasser schöpfen, dass es nur so sprudelt. Man nennt das einen Ziehbrunnen.«
Da stieg dem Alten der Ärger ins Gesicht, und er sagte lachend: »Ich habe meinen Lehrer sagen hören: Wenn einer Maschinen benützt, so betreibt er alle Geschäfte maschinenmäßig; wer seine Geschäfte maschinenmäßig betreibt, der bekommt ein Maschinenherz. Wenn aber einer ein Maschinenherz in der Brust hat, dem geht die reine Einfalt (Einfachheit) verloren. Bei wem die reine Einfalt hin ist, der wird ungewiss in den Regungen seines Geistes. Ungewissheit in den Regungen des Geistes ist etwas, das sich mit dem wahren SINN (Dao, rechter Weg) nicht verträgt ... «
Dsï Gung war betroffen und erblasste ... »Ich hatte vordem gedacht, dass es auf der ganzen Welt nur Einen großen Mann gebe (gemeint ist sein Meister Konfuzius), und wusste nicht, dass es noch diesen Mann gibt ... Jener (der Alte) lebt mitten unter dem Volk, und niemand weiß, wohin er geht. Wie übermächtig und echt ist seine Vollkommenheit! Erfolg, Gewinn, Kunst und Geschicklichkeit sind Dinge, die keinen Platz haben im Herzen dieses Mannes ... «
Als er seine Erlebnisse dem Konfuzius mitteilte, sagte dieser: *»Jener ... ordnet sein Inneres und kümmert sich nicht um das Äußere. Vor einem solchen Menschen, der ... zurückkehrt zur Einfalt (Einfachheit), seine Natur festigt, seinen Geist in der Hand hat (Selbsterkenntnis, Selbstbeherrschung) und dennoch verborgen in Niedrigkeit wandelt, hattest du Grund zu erschrecken.«*[378]

Wir sollten über der Radikalität des verwendeten Bildes nicht den Kern der Geschichte aus den Augen verlieren. Dieser Kern ist nicht die Verteufelung des technischen und kulturellen Fortschritts, sondern der Hinweis auf die damit stets verbundene Gefahr, über alle technischen Möglichkeiten unsere Menschlichkeit und Herzlichkeit zu verlieren. Die wichtigen Worte, die wir uns eindringlich zu Herzen nehmen sollten, sind, dass »wer seine Geschäfte maschinenmäßig betreibt, ein Maschinenherz« bekommt. Als Zusammenfassung dieses Kapitels aber kann gelten, dass »wer sein Inneres ordnet, zur Einfachheit zurückkehrt«.

PERLEN DER WEISHEIT

... erheben sich die Begierden,
so würde ich sie bannen durch namenlose Einfalt.
Namenlose Einfalt bewirkt Wunschlosigkeit.
Wunschlosigkeit macht still,
und die Welt wird von selber recht.[379]
Laotse

MERKSATZ

Der Weise lebt einfach.

UND JETZT?

Mache dich selbst glücklich![380]
Seneca

Nachdem wir gehört haben, was die alten Weisen empfohlen haben, um ein zufriedenes und erfülltes Leben zu führen, liegt es nunmehr ausschließlich an uns selbst, aus diesem Wissen etwas zu machen. Wir sollten nicht denken, dass das einfach ist! So machen wir beispielsweise nichts aus dem erworbenen Wissen, wenn wir es beim bloßen Lesen belassen. Denn nicht unser Wissen soll bereichert werden, sondern unser Leben. Die Weisheit der Alten zielte in erster Linie auf die Praxis ab. Nur deshalb haben sie ihre Erkenntnisse aufgeschrieben und weitergegeben. Leer ist die Rede eines Philosophen, sagte Epikur, die uns nicht dabei hilft, unsere Probleme zu lösen.[381] Was ist zu tun?

Als Erstes sollten wir uns im Klaren darüber sein, dass wir noch nichts wirklich gelernt haben, solange das Gelernte nicht umgesetzt und gelebt wird. Ändern wir nichts an unserem Verhalten, so zeigen wir dadurch nur, dass wir, um mit Sokrates zu sprechen, die Sache noch nicht tief genug verstanden haben.

Als Zweites ist es nötig, zu erkennen, dass wir in der einen oder anderen Hinsicht nicht gut leben, dass wir Defizite haben. Da die meisten Menschen von sich selbst eine hohe Meinung haben, fällt manchen dieses Eingeständnis schwer. Aber »der Anfang der Genesung ist Einsicht in die eigene Unzulänglichkeit«[382] (Epikur). Und als man den weisen Demonax einmal fragte, wann er mit der Philosophie angefangen habe, antwortete er: »als ich anfing, mich zu verurteilen«[383]. Nicht um ein Verurteilen soll es uns gehen, aber ohne gesunde Selbstkritik wird es schwer sein, Fortschritte zu erzielen.

Als Drittes sollten wir uns fragen, ob wir wirklich bereit sind, etwas zu ändern. Nur wenn wir fest entschlossen sind, das eine oder andere Problem, das uns belastet, tatsächlich anzupacken, die eine oder andere erstrebenswerte Fähigkeit oder Eigenschaft zu erlernen, zu verbessern oder weiterzuentwickeln, dann kann sich etwas ändern. »Was hast du nötig, um gut zu werden? Das Wollen!«[384] (Seneca)

Als Viertes sollten wir uns bewusst machen, dass wir nur dann etwas nachhaltig ändern, wenn wir uns darin üben und diese Übung so lange wiederholen, bis sie zu einer festen Gewohnheit geworden ist. Wir sollten regelmäßig und konsequent an uns arbeiten: »Alles ist Übung (Gewohnheit).«

Als Fünftes sollten wir jetzt und sofort mit dem Einüben anfangen: »Schiebe auch nichts hinaus auf übermorgen und morgen … Wer die Geschäfte vertagt, wird immer mit Ungemach ringen (unglücklich sein)«[385] (Hesiod).

Wo wir ansetzen und wie wir das Gelernte konkret umsetzen, muss jeder selbst entscheiden. Für einen nachhaltigen Erfolg ist es jedoch notwendig, dass wir uns gleichzeitig intellektuell und habituell üben, d. h. auf der Ebene des Verstehens und des praktischen Handelns. Wenn wir zum Beispiel Stress abbauen und an innerer Ruhe gewinnen wollen, empfiehlt es sich, über die Kapitel »Sammlung«, »Schicksal« und »Natur« länger nachzudenken und eine feste Tageszeit für eine regelmäßige innere Sammlung einzuführen. Die Sammlung und Reflexion kann darin bestehen, etwa zehn Minuten zu meditieren oder einfach still zu sitzen und auf den Atem zu achten. Dann sollten wir uns täglich schriftlich oder gedanklich, etwa vor dem Schlafengehen, kurz Rechenschaft ablegen, inwieweit wir unsere Vorsätze eingehalten haben, inwieweit wir für ausreichende Pausen und Entspannungen gesorgt haben, wann wir unruhig und unausgeglichen geworden sind, warum und wie wir darauf reagiert haben. Waren wir im Üben nachlässig, nehmen wir uns vor, es gleich am nächsten Tag besser zu machen. Fehler zu begehen ist nicht schlimm, aber »Fehler begehen und sich nicht ändern, das heißt fürwahr Fehler begehen!«[386] (Konfuzius) So können wir uns etwa vorhalten: »Nehmen wir die tägliche Körperpflege wichtiger als unser Glück und unsere Zufriedenheit?« Denn das tun wir, wenn wir nichts für unsere Seele tun. Diese Übungen sollten wir beharrlich fortsetzen, indem wir ihnen Priorität vor allem anderen einräumen. Schließlich ist es wichtig, jede Überforderung zu vermeiden. Fangen wir an mit einer kleinen Übung! Nicht die Masse macht es, sondern die Gründlichkeit, Sorgfalt und Ausdauer in dem, was wir beginnen.

Dieses Übungsschema lässt sich auf alle anderen Aspekte der Lebensführung übertragen, sei es, dass wir mit unserer »Work-Life-Balance« unzufrieden sind, die Alltagssorgen zu sehr an uns heranlassen, unter Ängsten leiden, nicht loslassen können, nicht zu dem kommen, was uns wichtig ist, nicht maßhalten können, uns innerlich unausgeglichen fühlen oder was es auch sei, das uns an uns selbst stört. Stets ist die Herangehensweise dieselbe: zunächst das Problem selbstkritisch analysieren und verstehen, dann das eigene Verhalten ändern und dieses geänderte Verhalten einüben, schließlich achtsame Selbstprüfung, Beharrlichkeit und begleitende Lektüre des überlieferten Weisheitswissens.

Der letzte Punkt ist vielleicht einer der wichtigsten. Denn ohne Anleitung, Lehrer oder Vorbild ist es schwer, die notwendige Kraft und Ausdauer aufzubringen, um seine Persönlichkeit weiterzuentwickeln. Aber auch hier kommt es weniger auf Masse an als auf Qualität und Regelmäßigkeit. Hören wir dazu Seneca:

Man muss zu bestimmten Geistern in ein dauerndes und vertrautes Verhältnis treten, wenn man einen dauernden Gewinn für seine Seele sich sichern will. Nirgends ist, wer überall ist ... Die Menge der Bücher wirkt zerstreuend. ... Lies also immer nur Schriftsteller von anerkanntem Wert ... und hast du mancherlei gelesen, so hebe dir eines heraus, um es dir an diesem Tage ganz zu eigen zu machen.[387]

Eine regelmäßige Lektüre von Weisheitstexten vertieft unser Verstehen und gibt uns Leitbilder, an denen wir uns orientieren und aufrichten können, wenn wir in unseren Bemühungen nachlassen. Sehr wirksam ist es, wenn wir jeden Tag einen Blick in einen der »Klassiker« der Lebensweisheit werfen und über das Gelesene nachdenken, sei es in die »Selbstbetrachtungen« des Mark Aurel, in die »Gespräche« des Konfuzius, in die »Bhagavadgita« oder in die Aussprüche Epikurs, Demokrits oder Senecas. Hat uns ein Ausspruch besonders gut gefallen, so streichen wir ihn an oder schreiben ihn auf, um in einer ruhigen Minute erneut über ihn nachzudenken. Wer das regelmäßig tut, der wird schon bald die ersten Früchte ernten. Nach der Lektüre des vorliegenden Buches sollte es möglich sein, die klassischen Weisheitsbücher zu verstehen und das Verstandene zu verinnerlichen. Auf diese Art zu philosophieren dürfte eine der besten Formen der Selbstsorge und Seelenpflege sein.

PERLEN DER WEISHEIT

Wer jung ist, soll nicht zögern zu philosophieren, und wer alt ist, soll nicht müde werden im Philosophieren. Denn für keinen ist es zu früh und für keinen zu spät, sich um die Gesundheit der Seele zu kümmern. Wer aber behauptet, es sei noch nicht Zeit zu philosophieren oder die Zeit sei schon vorübergegangen, der gleicht einem, der behauptet, die Zeit für die Glückseligkeit sei noch nicht oder nicht mehr da. ... Wir müssen uns also kümmern um das, was die Glückseligkeit herbeiführt.[388]
Epikur

MERKSATZ

Will der Weise etwas ändern,
beginnt er sofort damit.

EPILOG

Als sich ein griechischer Philosoph mit der Frage an das Orakel wandte, »was er tun müsse, um auf die beste Weise sein Leben zu führen, da antwortete ihm der Gott: er soll die Berührung mit den Toten suchen. Er verstand die Antwort und begann die Schriften der alten Denker zu lesen.«[389] Der Philosoph hieß Zenon von Kition. Er wurde der Begründer der Stoa, einer der wirkungsmächtigsten philosophischen Schulen des Abendlandes. Ihr Leitbild war das Ideal eines weisen Menschen. Wir finden es in allen antiken Kulturen. In ihm drückte sich die Sehnsucht aus, ein glückliches und erfülltes Leben zu führen, indem wir lernen, es zu meistern. In diesem Buch habe ich versucht, wesentliche Züge dieses Leitbildes nachzuzeichnen und die zugrundeliegenden Anschauungen zu erläutern. Denn diese Weisheiten haben nach wie vor Gültigkeit und können uns heute genauso bei der Lebensbewältigung von Nutzen sein wie damals, als sie niedergeschrieben wurden. Der Zweck des Buches ist erreicht, wenn es den einen oder anderen Leser dazu anregen würde, sich mit den Weisheitstexten der Alten zu beschäftigen.

MERKSÄTZE

DER EINSTIEG

*Der Weise lernt stets dazu,
indem er das Gelernte in seinem Denken und
Verhalten einübt.*

KEINE ZEIT!

Der Weise nimmt sich Zeit für sich.

SAMMLUNG

*Wer viel arbeitet, muss viel ruhen – wer intensiv
arbeitet, muss intensiv ruhen.*

SELBSTERKENNTNIS

*Wir lernen uns kennen,
wenn wir auf uns achten, aufrichtig zu uns sind und
regelmäßig Bilanz ziehen.*

WAS SELBSTERKENNTNIS BEWIRKT

*Mit zunehmender Selbsterkenntnis wächst unsere
Fähigkeit, das Leben zu gestalten.*

DIE ANDEREN

*Durch die Anderen lässt sich
der Weise nicht aus der Ruhe bringen.
Er kennt keinen Streit.*

SCHICKSAL

*Der Weise kennt den Wechsel des Glücks und ist
auf Erfolg wie Misserfolg gleichermaßen vorbereitet.
Er versteht es, auch Misserfolge zu nutzen.*

VERÄNDERUNG

*Der Weise achtet auf den Wandel der Dinge und
Verhältnisse und entwickelt seine Persönlichkeit weiter.*

DER RICHTIGE AUGENBLICK

*Der Weise erkennt frühzeitig,
wie sich die Dinge entwickeln, und weiß,
wann der Moment zum Handeln gekommen ist.*

TOD

*Der Weise ist sich stets der Vergänglichkeit seines
Besitzes, seiner Beziehungen, seiner Lebensumstände
bewusst – auch dass er sterben muss.*

HYBRIS

*Der Weise bildet sich auf sein Wissen und seine
Fähigkeiten nichts ein und lernt stets dazu.*

DER WAGENLENKER

*Der Weise vermeidet Einseitigkeiten und
bemüht sich um eine ausgeglichene Befriedigung
seiner verschiedenen Bedürfnisse.*

DAS RECHTE MASS

*Der Weise vermeidet jedes Zuviel und Zuwenig
und hält in allem das richtige Maß.*

HARMONIE

*Der Weise ist stets bestrebt, harmonisch
und ausgeglichen zu leben. Er nutzt die wohltuende
Wirkung von Musik.*

NATUR

*Der Weise lebt der Natur gemäß
und sucht sie regelmäßig auf,
um sich zu sammeln.*

FREIHEIT UND UNABHÄNGIGKEIT

*Der Weise bewahrt stets seine
innere Unabhängigkeit.*

FREUNDSCHAFT

Der Weise pflegt seine Freundschaften.

VORBILD

*Der Weise orientiert sich an guten Vorbildern
und bemüht sich, selbst Vorbild zu sein.*

PRAKTISCHE ANWENDUNG

Der Weise übt kontinuierlich weises Verhalten.

HEITERKEIT

*An dem Grad heiterer Gelassenheit ermessen wir
die Fortschritte unserer Persönlichkeitsentwicklung
und den Zuwachs an Weisheit.*

EINFACHHEIT

Der Weise lebt einfach.

UND JETZT?

*Will der Weise etwas ändern,
beginnt er sofort damit.*

ANMERKUNGEN

1 Konfuzius, Gespräche, XIV 28, wörtlich: »*Zum Weg des Edlen gehört dreierlei, aber ich bewältige es nicht: Richtiges Verhalten zu anderen Menschen – es befreit von Sorgen. Weisheit – sie bewahrt vor Zweifeln. Entschlossenheit – sie überwindet die Furcht.*«

2 Konfuzius, Gespräche, XI 20. Für die Übertragung der chinesischen Schriftzeichen wird hier im Allgemeinen die Pinyin-Umschrift gewählt. Lediglich bei den Namen »Konfuzius«, »Laotse« und »Menzius« wird die gebräuchliche Schreibweise beibehalten.

3 P. Hadot, Philosophie als Lebensform, S. 181: »*lebendige Wiederentdeckung der antiken Erfahrung*«

4 Luck, S. 514, Anm. zu Nr. 550, Philon von Alexandria (ca. 15 v. Chr. – 45 n. Chr.), ein bedeutender Denker des hellenistischen Judentums

5 Schwarz, S. 355

6 Nestle, Die Nachsokratiker, II S. 215, wörtlich: »*Das Lernen allein genügt nicht, sondern man muss auch die Gewöhnung hinzunehmen und dann die Übung.*«

7 Snell, Leben und Meinungen der Sieben Weisen, S. 13; die Stelle kann auch bedeuten: »*Sorge dich um das Ganze*«

8 Griechisch: »melete to pan«; »melete« kann neben »Übung« auch »Gewöhnung an etwas« bedeuten, Pape, Altgriechisches Wörterbuch, Directmedia, Digitale Bibliothek 117, Berlin 2006: »melete«

9 Konfuzius, Gespräche, I 1; dort »*Befriedigung*« statt »*Freude*«; »*Freude*« aber bei Stange und Schwarz

10 Sloterdijk, Du sollst dein Leben ändern, Frankfurt a. M. 2009
11 Seneca, III 102, Brief 27,9
12 Seneca, IV 147, 149, Brief 95,1 ff, 7 (ars vitae); zur Philosophie als Lebenspraxis und als »*Übung in der Weisheit*« P. Hadot, Philosophie als Lebensform, S. 15 ff, 181 und passim
13 Seneca, IV 168, Brief 95,64
14 vgl. P. Hadot, Wege zur Weisheit, S. 318 f, 220
15 Aristoteles, Nikomachische Ethik, II 2
16 Aristoteles, Nikomachische Ethik, II 5
17 Laotse, 61: »*Das Weibliche siegt immer*«
18 Konfuzius, Gespräche, VII 1
19 Xenophon, Erinnerungen an Sokrates, I 2, 23
20 Epikur, S. 106–107
21 Xenophon, Erinnerungen an Sokrates, IV 2, 26–28
22 Luck, S. 57; ob der Text wirklich von Antisthenes stammt oder einem anderen griechischen Denker, ist ungewiss, siehe Anm. 51 Luck, S. 472
23 Konfuzius, Schulgespräche, 13,4
24 Blauglocken- und Trompetenbäume
25 Mong Dsi, VI A 13
26 Xenophon, Erinnerungen an Sokrates, III 7, 9
27 Buch der Riten, Sitten und Gebräuche, S. 203; statt der »*Weise*« steht der »*Edle*«, was aber nahezu dasselbe ist; vgl. ebd., S. 252 ff, im »Buch der Wandlungen« ist einmal vom »*heiligen Weisen*« die Rede, I Ging, S. 277 ff
28 Seneca, III 3, Brief 2,1, wörtlich: »*... den Schritt zu hemmen und Einkehr in sich selbst (zu) halten*«; Übersetzung Rosenbach, in L. Annaeus Seneca, Philosophische Schriften, Darmstadt ⁴1993, Band 3: »*... stehen bleiben zu können und mit sich zu verweilen*«

29 Demandt, S. 112
30 Luck, S. 367
31 Patañjali, I 3, weiter heißt es: »*Dann ruht der Sehende in seiner Wesensidentität.*«
32 Laotse, 16
33 Durant, 3,38 (The Story of Civilization Vol. 1, Kap. XXIII, I 6)
34 Vgl. Heraklit: »*Dem Menschen ist sein Wesen Schicksal*«, Capelle, S. 156; andere Übersetzung: »*Der Charakter ist des Menschen Schicksal*«; Porphyrios: »*Wir kehren zu nichts anderem zurück als zu unserem wahren Ich*«, zitiert nach P. Hadot, Wege zur Weisheit, S. 186
35 Pohlenz, Stoa und Stoiker, S. 23 f (Poseidonios); Nestle, Die Nachsokratiker, II S. 90
36 Seneca, II 109, Von der Gemütsruhe, Kap. 17
37 ebd.
38 Zhuangzi, XXIII 3
39 Luck, S. 340
40 Wer einwendet, dass wir im Innersten der letzten russischen Puppe *nichts* finden, der ist in bester Gesellschaft mit einer der wichtigsten Erkenntnisse der altindischen Upanishaden. Allerdings heißt es dort auch, dass aus diesem Nichts das ganze Weltall entstanden ist, Zimmer, S. 302; Upanishaden, S. 227, Chandogya-Upanishad 6,12,3
41 Buch der Riten, Sitten und Gebräuche, S. 54 f
42 Buddha, S. 32
43 Buddha, S. 64
44 Buch der Riten, Sitten und Gebräuche, S. 59
45 Platon, Apologie, 35a; Text geringfügig geändert
46 Seneca, III 54, Brief 16,2
47 Xenophon, Erinnerungen an Sokrates, IV 2, 26
48 Shankara, S. 43

49 Patañjali, I 50
50 Buch der Riten, Sitten und Gebräuche, S. 55; statt der »Weise« steht der »Edle«
51 Hossenfelder, S. 45 f; vgl. P. Hadot, Wege zur Weisheit, S. 154
52 Bissing, S. 94; wörtlich: »*Wer sein Herz selbst erkennt, den kennt das Glück.*«
53 Seneca, III 13, Brief 6,1
54 Konfuzius, Gespräche, VII 31
55 »Goldene Verse«, http://www.zeitenschrift.com/news/sn-13704-goldeneverse.ihtml
56 Seneca, I 193, Vom Zorn, Buch 3, Kap. 36; vgl. Epiktet, Unterredungen, III 10, S. 173
57 Buch der Riten, Sitten und Gebräuche, S. 150 f
58 Konfuzius, Gespräche, I 4
59 Epiktet, Unterredungen, I 1, S. 5; auch ebd. III 23, S. 206: »*Dieses schreibe, dieses lese man*«
60 I. Hadot, S. 59 Fn. 111, S. 70; vgl. P. Hadot, Wege zur Weisheit, S. 206 und ders., Philosophie als Lebensform, S. 19
61 Seneca, IV 282, Brief 115,1
62 Aristoteles, Nikomachische Ethik, VII 5 (Übersetzung Dirlmeier)
63 Fridell, Egon, Kulturgeschichte Ägyptens und des Alten Orients, München 1982, S. 4
64 Seneca, III 3, Brief 2,1
65 Mark Aurel, XLIV (aus der Einleitung von Wilhelm Capelle)
66 ebd., XXVIII
67 Mark Aurel, 2,8
68 Upanishaden, S. 516, Brihadaranyaka-Upanishad 2,4,5b; wörtlich: »*… von dem wird diese ganze Welt gewusst.*«

69 Zhuangzi, XXV 7, die Rede ist von den vorbildhaften Fürsten des Altertums
70 Das Große Lernen (Daxue), hrsg. von Ralf Moritz, Stuttgart 2003; Richard Wilhelm übersetzt »*Die große Wissenschaft*«, Buch der Riten, Sitten und Gebräuche, S. 54 f
71 Buch der Riten, Sitten und Gebräuche, S. 54 f
72 Xenophon, Erinnerungen an Sokrates, III 9, 5
73 Konfuzius, Gespräche, VI 10 (Übersetzung Wilhelm)
74 Buch der Riten, Sitten und Gebräuche, S. 45; vgl. 140; Menzius bei Schwarz, S. 172
75 Laotse, 47
76 Buddha, S. 12
77 Capelle, S. 441, übersetzt »*Seine Seligkeit oder Unseligkeit hängt allein vom Menschen selber ab*«; Übersetzung Ibscher, Demokrit, V 2 Frg. 170: »*Glückliches und unglückliches Lebensgeschick ist Sache der Seele*«
78 Aristoteles, Nikomachische Ethik, IX 8
79 Buch der Riten, Sitten und Gebräuche, S. 55
80 Konfuzius, Gespräche, XIV 35
81 Buch der Riten, Sitten und Gebräuche, S. 140; statt »*seine Mitte*« steht im Text »*die Mitte*«
82 Buch der Riten, Sitten und Gebräuche, S. 45
83 zitiert nach Zimmer, S. 302; letzter Satz Upanishaden, S. 227, Chandogya-Upanishad 6,12,3; statt »*aus dem besteht dieses Weltall*« steht in der Übersetzung: »*ein Bestehen aus dem ist dieses Weltall*«
84 Richard Wilhelm, Kung-tse. Leben und Werk, Stuttgart 1925, S. 92; Konfuzius, Gespräche, XV 23
85 Durant, 3,60 (The Story of Civilization Vol. 1, Kap. XXIII, II 4) Kommentar zu Konfuzius, Gespräche, IV 17: »*Siehst du hingegen einen Unwürdigen, dann wende dich deinem Inneren zu und prüfe dich selbst.*«

86 Mark Aurel, 10,30

87 Mark Aurel, 4,10

88 Terenz, dürfte wohl auf Menander zurückgehen; vgl. Straub, S. 505; Nestle, Griechische Lebensweisheit und Lebenskunst, S. 239

89 Durant, Band 9,143 (The Story of Civilization Vol. 3, Kap. XXIV, IX) (Apollonios von Tyana)

90 Plutarch, Lebensklugheit und Charakter, S. 170; statt *»Hass«* steht in der Übersetzung *»Sündenhass«*

91 Konfuzius, Gespräche, III 7; Übersetzung Moritz: *»Der Edle steht mit niemandem im Wettstreit«*

92 Buch der Riten, Sitten und Gebräuche, S. 140

93 Kaltenmark, Lao-tzu und der Taoismus, Frankfurt a. M. 1981, 80

94 Die Neurobiologie führt dies auf die Funktionsweise der Spiegelneuronen zurück. Der Mensch neigt dazu, die Gefühle seines Gegenübers zu spiegeln. Hass erzeugt Hass, Freundlichkeit erzeugt Freundlichkeit, verständnisvolle Zuwendung wird mit Zuwendung erwidert.

95 Im abendländischen Denken taucht der Begriff zum ersten Mal bei dem Sokratesschüler Aristippos von Kyrene (ca. 425–355 v. Chr.) auf: *»Lieber ein Bettler als ungebildet sein: dem Bettler fehlt es nur an Geld, dem Ungebildeten aber an Humanität* (griechisch: anthropismos)*«*, Nestle, Die Sokratiker, S. 166 = Diogenes Laertios, II 70; ebenso Kranz, Die griechische Philosophie, S. 305

96 Buch der Riten, Sitten und Gebräuche, S. 74

97 Epikur, S. 162, Fragment 97

98 Straub, S. 101 (Solon); Pohlenz, Gestalten aus Hellas, S. 85

99 Schwarz, S. 81 (Buch der Dokumente)

100 Buch der Riten, Sitten und Gebräuche, S. 62 und Anm. II, S. 404

101 Laotse, 76
102 Laotse, 61
103 Konfuzius, Schulgespräche, 19,10
104 Seneca, IV 297, Brief 117,16, leicht abgewandelt
105 Nestle, Griechische Geistesgeschichte, S. 13; vgl. Snell, Leben und Meinungen der Sieben Weisen, S. 75
106 Seneca, III 69, Brief 20,2
107 Aristoteles, Einführungsschriften, S. 110
108 Aristoteles, Aristoteles-Lexikon, S. 584 f
109 Schwarz, S. 228
110 Nach Teles, Luck, S. 260: »*Daher soll man nicht versuchen, die Umstände zu ändern, sondern sich persönlich auf sie einstellen, wie sie eben sind, wie die Seeleute es tun: Sie versuchen nicht, den Wind und das Meer zu ändern, sondern sie stellen sich selber darauf ein, um sich den Elementen anzupassen.*«
111 Konfuzius, Schulgespräche, 14,3, Text geringfügig geändert
112 Epikur, S. 104, Brief an Menoikeus
113 Epikur, S. 110, Spruch 47; Text geringfügig geändert
114 Platon, Phaidon, 60a-c
115 Buch der Riten, Sitten und Gebräuche, S. 148
116 zitiert nach Plutarch, Lebensbeschreibungen, I 27; Übersetzung der zweiten Hälfte teilweise aus Durant, 4,205 (The Story of Civilization Vol. 2, Kap. V, IV 3) und aus Herodot, I 32–33
117 Herodot, I 86
118 Plutarch, Lebensbeschreibungen, I 28
119 Buch der Riten, Sitten und Gebräuche, S. 34
120 Seneca, III 117, Brief 31,5: »*Mache dich selbst glücklich!*« *(Fac te ipse felicem)*
121 Seneca, III 336, Brief 78,29

122 Mong Dsi, III B 1, statt »*Mensch*« steht in der Übersetzung »*Mann*«
123 Plutarch, Lebensklugheit und Charakter, S. 27, er zitiert hier Homer, Odyssee, 19,163
124 Nestle, Die Nachsokratiker, II S. 80; nach Diogenes Laertios, II 13, verlor er sogar zwei Söhne
125 Luck, S. 237 (Bion von Borysthenes)
126 Homer, Odyssee, 20,18
127 Luck, S. 78
128 Buch der Riten, Sitten und Gebräuche, S. 148
129 Straub, S. 101; Pohlenz, Gestalten aus Hellas, S. 84 f
130 Luck, S. 285 (verkürzt)
131 Diese Geschichte wird von Zenon erzählt, Diogenes Laertios, VII 2 ff, aber ähnlich auch von Aristippos
132 Plutarch, Lebensklugheit und Charakter, S. 27 f
133 Luck, S. 215 f
134 Konfuzius, Gespräche, IX 17
135 Seneca, I 220 f, Trostschrift an Marcia, Kap. 11; Plutarch, Von der Heiterkeit der Seele, S. 108–113
136 Rüdiger, S. 166
137 Nestle, Die Vorsokratiker, S. 111
138 Schwarz, S. 96 f
139 Jüngste deutsche Übersetzung und Kommentierung durch Dennis Schilling, Yijing. Das Buch der Wandlungen, Frankfurt a. M. und Leipzig 2009
140 Plutarch, Lebensbeschreibungen, I 211; hier zitiert nach Durant, 4,204 (The Story of Civilization Vol. 2, Kap. V, IV 3)
141 Platon, Philebos, 55a, (mit dem idealistischen Nachsatz: »*nicht aber jenes dritte Leben, nämlich dasjenige, in dem es weder Freude noch Leid gibt, wohl aber die denkbar lauterste Einsicht*«)

142　Schwarz, S. 374

143　Seneca, III 275, Brief 71,13

144　Diogenes Laertios, V 106

145　Platon, Protagoras, 343a

146　Grote, Geschichte Griechenlands, Berlin 1881, Band 2 S. 386

147　ebd.; Theognis, 401–404; Hesiod, Werke und Tage, Vers 694

148　Mark Aurel, 7,49, Satzbau umgestellt

149　Schwarz, S. 298

150　I Ging, S. 43

151　Nestle, Griechische Lebensweisheit und Lebenskunst, S. 20

152　Gründel 1996. Sp. 1131, Kairos, in: Lexikon für Theologie und Kirche, Bd 5, Freiburg 1996, Sp. 1129–1131

153　Konfuzius, Schulgespräche, 7,7

154　Seneca, I 240, Trostschrift an Marcia, Kap. 20

155　Seneca, IV 6, Brief 82,15 f

156　Epikur, S. 59; wörtlich: »*Denn was sich aufgelöst hat, hat keine Empfindung. Was aber keine Empfindung hat, geht uns nichts an.*«

157　Seneca, III 1, Brief 1,2

158　Epikur, S. 120, wörtlich »*im schönen Sterben*« (griechisch: melete tou kalos apothneskein), Wörterbuch der antiken Philosophie, hrsg. von Christoph Horn und Christoph Rapp, München 2002, Stichwort »melete thanatou«, dort auch zu der Tradition dieser Übung

159　Platon, Phaidon, 67c; dazu noch die »Lehre des Ani« (Ägypten, 16.–14. Jh. v. Chr.): »*Es ist gut, sich zu rüsten; wenn dann ein Bote (der Tod) kommt, dich zu holen, so soll er dich bereitfinden*«, Brunner, S. 202

160　Seneca, I 243, Trostschrift an Marcia, Kap. 21

161 Seneca, III 92, Brief 24,20 (cotidie morimur)
162 Auf den Unterschied zwischen Angst und Furcht soll hier nicht eingegangen werden
163 Upanishaden, S. 572, Brihadaranyaka-Upanishad 4,3,7
164 Luck, S. 235 (Bion von Borysthenes)
165 Upanishaden, S. 409, Maitrayana-Upanishad 3,2; das im Kapitel »Die Anderen« behandelte *»tat tvam asi«* (Das bist Du!) bezieht sich auf eine andere Ebene des Bewusstseins
166 Herodot, II 78
167 Patañjali, I 12
168 Epiktet, Handbüchlein der Moral, XI, S. 286; Seneca, I 37 ff, Von der Unerschütterlichkeit des Weisen, Kap. 5 f; ders., I 218 ff, Trostschrift an Marcia, Kap. 10
169 Mark Aurel, 10,14
170 Zhuangzi, XXI 4
171 Demokrit, I 5 Frg. 285: *»Man muss bedenken, dass das menschliche Leben hinfällig und kurz befristet ist ... «*
172 Nestle, Die Vorsokratiker, S. 158
173 Plutarch, Von der Heiterkeit der Seele, S. 109
174 Seneca, III 99, Brief 26,9
175 Seneca, I 238, Trostschrift an Marcia, Kap. 20
176 ebd.
177 zitiert nach Durant, 1,396 (The Story of Civilization Vol. 1, Kap. IX, IX), zehnte Tafel
178 Mark Aurel, 9,3; zitiert nach Durant, 8,427 (The Story of Civilization Vol. 3, Kap. XX, V)
179 ebd.
180 Schwarz, S. 216
181 Diogenes Laertios, I 12; Cicero, V 8 f
182 Bhagavadgita, 18,53
183 Laotse, 76; hier zitiert nach Lin Yutang, Laotse, Frank-

furt a. M, Hamburg 1955, S. 197, Text geringfügig geändert

184 Diogenes Laertios, II 72: »... *wie ein Stein auf dem Stein*«
185 Nestle, Griechische Lebensweisheit und Lebenskunst, S. 27; Theognis, 151 f
186 Liä Dsi, II 16
187 Capelle, S. 444, Text geringfügig geändert
188 Liä Dsi, VIII 12
189 Konfuzius, Schulgespräche, 11,3
190 Bissing, S. 94
191 Zhuangzi, XXIV 8
192 Pohlenz, Gestalten aus Hellas, S. 84
193 Nestle, Die Vorsokratiker, S. 112
194 zitiert nach P. Hadot, Wege zur Weisheit, S. 32
195 Laotse, 43 (Übersetzung Victor von Strauß)
196 Seneca, II 69, Von der Gemütsruhe, Kap. 1
197 Boethius, S. 17, wörtlich: »*Von seinen Zügeln gelenkt zu werden und seiner Gerechtigkeit zu gehorchen, ist Freiheit.*«
198 Laotse, 33 und 47
199 Platon, Der Staat, 588c; schon Demokrit: »*Wenn du dein Inneres öffnest, wirst du darin eine reiche Vorratskammer von bösen Trieben verschiedenster Art und vielen schlimmen Leidenschaften finden*«, Capelle, S. 463
200 Aristoteles, Nikomachische Ethik, IX 4
201 Konfuzius, Gespräche, VI 29
202 Seneca, III 272, Brief 71,2
203 Konfuzius, Schulgespräche, 13,3
204 Xenophon, Das Gastmahl, S. 17
205 Horn, S. 24, unter Verweis auf Platon, Apologie, 29e, 30b und Platon, Laches, 185e f
206 Platon, Gesetze, 743d–e
207 Buch der Riten, Sitten und Gebräuche, S. 275; vgl. S. 273 ff

208 Upanishaden, S. 354, Katha-Upanishad 3,3–6 und 9
209 Horn, S. 24
210 Nestle, Die Nachsokratiker, II S. 139
211 Konfuzius, Gespräche, VI 29; im Text steht »*Tugend*« statt »*Weisheit*«
212 Aristoteles, Nikomachische Ethik, II 2 (Übersetzung Dirlmeier)
213 Kranz, Geschichte der griechischen Literatur, S. 85 (Pythische Ode 2,72); dazu Wilamowitz: »*Werde immer wieder, d.h. bewähre dich als ein solcher, der du von Natur bist*«, Kranz, a.a.O.
214 Snell, Die Entdeckung des Geistes, S. 154
215 Capelle, S. 442 f
216 Rüdiger, S. 164
217 Snell, Die Entdeckung des Geistes, S. 151
218 zitiert nach Pohlenz, Der hellenische Mensch, S. 372
219 Mong Dsi, VII A 26
220 Schwarz, S. 235 f
221 Xenophon, Erinnerungen an Sokrates, III 12,5–7
222 Buch der Wandlungen, S. 130; wörtlich: »*Wer seinem Charakter nicht Dauer gibt, dem bietet man Schande*«
223 Capelle, S. 442; zweiter Teil nach Nestle, Die Vorsokratiker, S. 159
224 Lehre des Ani, Ägypten 16.–14. Jh. v. Chr., Brunner, S. 203, wörtlich: »*Ein Ellbogen-Mensch wird nicht im Grabe ruhen.*«
225 Platon, Philebos, 31c–d
226 Durant, 5,167 (The Story of Civilization Vol. 2, Kap. XV, III), vor allem durch den Pythagoreer Alkmaion (6. Jh. v. Chr.), Capelle, S. 105
227 zitiert nach Pohlenz, Gestalten aus Hellas, S. 361; vgl. Platon, Laches, 188d–e

228 Konfuzius, Gespräche, XIII 28; Übersetzung streitig, anders Stange und Wilhelm

229 Schwarz, S. 337; vgl. Übersetzung Richard Wilhelm in »Buch der Riten, Sitten und Gebräuche«, S. 32 f mit Anmerkungen

230 Karl Kerényi, Die Mythologie der Griechen, München 1985, Band 1 S. 59, Band 2 S. 33

231 Der Kleine Pauly, München 1979, III Sp. 941, »Harmonia«; bei Kerényi, Die Mythologie der Griechen, und Ranke-Graves, Griechische Mythologie: Quellen und Deutung, findet sich dieser Hinweis allerdings nicht

232 Bhagavadgita, 6,5 (Übersetzung Mylius)

233 Konfuzius, Schulgespräche, 37,1

234 Hossenfelder, S. 45 f; die konkrete Bedeutung dieser Formel war allerdings schon in der Antike umstritten, ebd.

235 Schwarz, S. 294 f

236 Rorty, Richard, zitiert nach Rainer M. Holm-Hadulla, Leidenschaft: Goethes Weg zur Kreativität, Göttingen 2009, S. 243

237 Platon, Der Staat, 486a; zitiert nach P. Hadot, Wege zur Weisheit, S. 235

238 Platon, Der Staat, 441e–442a; Apelt übersetzt: »*Wird nun nicht, wie wir sagten, eine Mischung von Musik und Gymnastik sie zu rechtem Einklang miteinander bringen, indem sie den vernünftigen Teil anspannt und durch gute Reden und Lehren heranbildet ...* «, siehe dort Anm. 73 und insbesondere Anm. 94 zum dritten Buch des Staates zur grundlegenden Bedeutung dieses Gedankens bei Platon

239 zitiert nach Durant, 3,64 (The Story of Civilization Vol. 1, Kap. XXIII, II 5)

240 Buch der Riten, Sitten und Gebräuche, S. 96

241 Konfuzius, Schulgespräche, 15,6 und 36,3; zur Bedeutung

von Harmonie und Musik bei Konfuzius siehe Richard Wilhelm, Kung-Tse, Stuttgart 1925, S. 12 ff
242 Schwarz, S. 234
243 Diese von Konfuzius, Platon, Aristoteles und anderen vertretene These wird von der modernen Neurobiologie bestätigt, etwa Bauer, Prinzip Menschlichkeit, Hamburg 2006, S. 43 f mit weiteren Hinweisen
244 Konfuzius, Schulgespräche, 44,9
245 Platon, Phaidon, 60e–61a
246 Luck, S. 117
247 Schwarz, S. 336, vollständig: »*Was vom Himmel bestimmt ist, nennt man Natur. Der natürlichen Bestimmung folgen nennt man den Rechten Weg. Den Rechten Weg pflegen nennt man Erziehung.*«
248 Laotse, 25; hier zitiert nach Hermann Graf Keyserling, *Das Reisetagebuch eines Philosophen,* 2 Bände, Darmstadt ⁵1921, Band II, S. 488; von Strauß: »*Des Menschen Richtmaß ist die Erde*«
249 Seneca, II 7 f, Vom glücklichen Leben, Kap. 3
250 Nestle, Die Vorsokratiker, S. 104; vollständig: »*Weisheit ist es, die Wahrheit zu sagen und der Natur gemäß zu handeln, indem man auf sie horcht.*«
251 Mark Aurel, 7,55
252 Schwarz, S. 96 f
253 Konfuzius, Gespräche, XVI 8, statt »*Menschen*« steht im Text »*Männer*«
254 Zhuangzi, VIII
255 Konfuzius, Gespräche, VI 18
256 Luck, S. 109
257 bei Zhuangzi, V 1
258 Zhuangzi, XXVI 9; statt »*auszudehnen*« steht im Text »*sich zu ergehen*«

259 Cicero, IV 70 f, Satzbau umgestellt
260 vgl. P. Hadot, Wege zur Weisheit, S. 239, 241
261 Nestle, Die Nachsokratiker, II S. 56; Tugend und Weisheit waren bei den Stoikern, zu denen Chrysipp gehört, nahezu gleichbedeutend, I. Hadot, S. 101
262 Schwarz, S. 226, wörtlich: »*Der edle Mensch herrscht über die Dinge; der Niedriggesinnte wird von ihnen beherrscht.*«
263 Luck, S. 387
264 Seneca, III 176, Brief 51,9; Übersetzung in Anlehnung an Rosenbach, in L. Annaeus Seneca, Philosophische Schriften, Band 3
265 Aristoteles, Nikomachische Ethik, III 4, VI 1
266 Dies war die allgemeine Anschauung der Griechen, so Pohlenz, Der hellenische Mensch, S. 304; I. Hadot, S. 12 m. w. H.
267 Aristoteles, Nikomachische Ethik, VI 2
268 Boethius, S. 135
269 Seneca, III 132, Brief 37,4, Satzbau geändert; ebenso Dion Chrysostomos, Durant, 9,136 (The Story of Civilization Vol. 3, Kap. XXIV, VIII)
270 Seneca, IV 57, Brief 88,2
271 Nestle, Die Nachsokratiker, II S. 203 (Musonius)
272 Luck, S. 175
273 Luck, S. 196
274 Focus, Heft 51/12, 114
275 Aristoteles, Politik, I 2
276 Mark Aurel, 6,22
277 Bhagavadgita, 2,47
278 Patañjali, II 10
279 Schwarz, S. 265
280 Mark Aurel, 9,29 (Übersetzung Wittstock)
281 Seneca, II 123, Von der Kürze des Lebens, Kap. 7

282 Schwarz, S. 201 f
283 Mong Dsi, V B 8, wörtlich: *»Der beste Mann auf Erden macht sich alle Guten auf Erden zu Freunden. Aber selbst alle Guten auf Erden zu Freunden zu haben, ist ihm noch nicht genug. Er steigt empor in seinen Gedanken zu den Männern des Altertums, er rezitiert ihre Lieder, er liest ihre Schriften.«*
284 Xenophon, Erinnerungen an Sokrates, II 4, 1
285 Epikur, S. 113, Spruch 78
286 Demandt, S. 46
287 Luck, S. 123
288 Aristoteles, Nikomachische Ethik, IX 12; mit Verweis auf Theognis, 35: *»Gutes lernst du vom Guten«* (Übersetzung Dirlmeier)
289 Aristoteles, Nikomachische Ethik, IX 9
290 Demokrit, IX 9 Frg. 184 (eigene Übersetzung); so auch Aristoteles, Nikomachische Ethik, IX 12 und Theognis, 35 f
291 Aristoteles, Nikomachische Ethik, VIII 1
292 Konfuzius, Schulgespräche, 15,2
293 Homer, Ilias, 11,788 ff
294 Homer, Ilias, 15,404
295 Durant, 7,297 (The Story of Civilization Vol. 3, Kap. VIII, V)
296 Brunner, S. 127; Text geringfügig geändert
297 Lehre für den ägyptischen König Megikare, um 2000 v. Chr., Brunner, S. 142
298 Nestle, Die Nachsokratiker, I 210; im Text steht *»Mann«* statt *»Mensch«*
299 Epikur, S. 121
300 Epiktet, Handbüchlein der Moral, XXXIII, S. 298
301 Zeller, I 150
302 Xenophon, Das Gastmahl, S. 26

303 Durant, Band 9,68 (The Story of Civilization Vol. 3, Chapter XXIII, I)

304 Desikachar/Krusche, Das verborgene Wissen bei Freud und Patañjali, Stuttgart 2007, S. 156

305 Seneca, III 14, Brief 6,5

306 Geldsetzer, S. 22

307 Seneca, III 124, Brief 33,8

308 Luck, S. 377

309 Buch der Riten, Sitten und Gebräuche, S. 208; zu Demonax: Luck, S. 393 f

310 Konfuzius, Gespräche, IV 17

311 Konfuzius, Gespräche, VII 22

312 Konfuzius, Gespräche, XV 31

313 Kranz, Die griechische Philosophie, S. 311

314 Konfuzius, Gespräche, XII 22

315 Zotz, S. 114

316 Durant, 3,68 (The Story of Civilization Vol. 1, Kap. XXIII, II 4)

317 Durant, 3,294 (The Story of Civilization Vol. 1, Kap. XXVII, III)

318 »Confucianism«, in Encyclopædia Britannica. Encyclopædia Britannica 2007 Ultimate Reference Suite. Chicago: Encyclopædia Britannica, 2011; ebenso Zotz, S. 334, unter Verweis auf einen Artikel in The China Post

319 zitiert nach Pohlenz, Die Stoa, I S. 305 (Seneca, II 140, Von der Kürze des Lebens 15)

320 Papyrus Insinger, Ägypten, Bissing, S. 98, Text geringfügig geändert

321 Buch der Riten, Sitten und Gebräuche, S. 34

322 Konfuzius, Gespräche, VII 33

323 Aristoteles, Einführungsschriften, S. 129

324 Platon, Phaidros, 260a

325 Buch der Riten, Sitten und Gebräuche, S. 52
326 ebd.
327 Buch der Riten, Sitten und Gebräuche, S. 205
328 Diogenes Laertios, VI 7
329 zitiert nach Luck, S. 303 (aus: Seneca, *Über die Wohltaten, 7,2,1*); zuvor heißt es: »*Das ist es (Wissen), sagt mein Freund Demetrios, was der Fortschreitende mit beiden Händen festhalten muss, was er nie loslassen darf, was er vielmehr an sich heften und Teil seiner selbst machen sollte … *«; der griechische Ausdruck heißt procheiron echein (»zur Hand haben«), dazu I. Hadot, S. 58 Fn. 107
330 Buch der Riten, Sitten und Gebräuche, S. 120
331 Demokrit, VII 1 Frg. 33
332 Nestle, Die Nachsokratiker, II S. 198; Satzbau umgestellt
333 Snell, Leben und Meinungen der Sieben Weisen, S. 13
334 Konfuzius, Gespräche, I 1
335 Buch der Riten, Sitten und Gebräuche, S. 172, statt »*Gewohnheit*« steht dort »*Sitte*«, was aber dasselbe meint
336 Konfuzius, Gespräche, XVII 2; statt »*Gewöhnung*« übersetzt Moritz »*Erziehung*«
337 Seneca, I 124, Vom Zorn, Buch 2, Kap. 21
338 Seneca, I 123, Vom Zorn, Buch 2, Kap. 21
339 Buch der Riten, Sitten und Gebräuche, S. 227 f; im Text steht »Güte« = Jen = Menschlichkeit, ebd., S. 208; vgl. auch die Bemerkung von Richard Wilhelm im I Ging, S. 222: »*So sucht der Edle, wo er Fehler der Menschen abzuurteilen hat, in ihr Inneres verständnisvoll einzudringen und dadurch eine liebevolle Beurteilung der Umstände zu gewinnen. Die ganze antike Rechtsprechung der Chinesen war von diesem Grundsatz geleitet. Höchstes Verständnis, das zu verzeihen versteht, galt als höchste Gerechtigkeit. Eine solche Rechtsprechung war nicht erfolglos; denn der moralische Ein-*

druck sollte so stark sein, dass ein Missbrauch solcher Milde nicht zu befürchten war. Denn sie entsprang nicht der Schwäche, sondern überlegener Klarheit.«

340 Konfuzius, Gespräche, I 10

341 Konfuzius, Gespräche, XIII 13; ders. Schulgespräche, 10,13: »*Wer etwas bei sich selbst durchzusetzen versteht, der versteht auch, es bei anderen durchzusetzen.*«

342 Luck, S. 368 (Favorinus)

343 Seneca, IV 105 f, Brief 92,3; wörtlich: »*Was ist ein glückliches Leben? ... ein Geschenk der Beharrlichkeit*«

344 I Ging, S. 265

345 Hesiod, Werke und Tage, Vers 289 ff

346 Seneca, III 315, Brief 76,19

347 Aristoteles, Eudemische Ethik, I 7

348 Platon, Der Staat, 403d–e, statt »*weise*« steht im Text »*rechtschaffene*«

349 Capelle, S. 447; Seneca, III 327 Brief 78,3: »*Ich will dir sagen, ... dass eben das, was mir zur inneren Ruhe verhalf, auch wie eine Arznei auf meine (äußere) Krankheit wirkte.... und was das Gemüt aufrichtet, das kommt auch dem Körper zugute.*«

350 Patañjali, I 31

351 Seneca, III 15 ff Brief 7,1 ff

352 Snell, Die Entdeckung des Geistes, S. 154; das griechische Wort für »Besonnenheit« heißt sophronsyne und setzt sich zusammen aus »sos« (heil, gesund, unversehrt) und »phren« (Verstand, Einsicht, Gemüt)

353 Seneca, III 306, Brief 75,7; Übersetzung Rosenbach, in L. Annaeus Seneca, Philosophische Schriften, Band 4: »*Nicht ist glücklich, wer es weiß, sondern wer es tut.*«

354 Seneca, III 216 f, Brief 59,14, leicht geändert

355 Diogenes Laertios, IX 45

356 Konfuzius, Gespräche, VII 4

357 Mark Aurel, 10,12; statt »*Weisheit*« steht »*Vernunft*«

358 Konfuzius, Gespräche, III 20

359 Homer, Odyssee, 22,411, zitiert nach Straub, S. 53

360 Epikur, S. 109, Spruch 41

361 Epikur, S. 110, Spruch 47; wenn dieser Ausspruch von Metrodoros stammt, wie Nestle, Die Nachsokratiker, I S. 222, vermutet, so dürfte er ihn von Epikur haben

362 Mong Dsi, VII A 21

363 Zhuangzi, II 9, wörtlich: »*Der Berufene ist einfältig und schlicht; er fasst die Jahrtausende zusammen, und das Eine vollendet sich in seiner Reinheit. Alle Dinge kommen an ihr Ende, und er vereinigt sie in seinem Ich miteinander.*«

364 Laotse, 16

365 Epiktet, Unterredungen, III 23, S. 196, Text geringfügig geändert

366 Aristoteles, Nikomachische Ethik, IX 9, Satzbau umgestellt

367 Schwarz, S. 294 = Liä Dsi, I 4

368 Zhuangzi, XXIII 1

369 Buch der Riten, Sitten und Gebräuche, S. 233

370 Upanishaden, S. 366, Katha-Upanishad 6,14 f: »*Wenn alle Knoten sich spalten, Die umstricken das Menschenherz ...*«

371 Horn, S. 24

372 Zhuangzi, XX 3

373 Zhuangzi, XXII 5

374 Z XIV,5: »*Die Alten nannten das: Wanderschaft, bei der man die Wahrheit pflückt.*«

375 Snell, Die Entdeckung des Geistes, S. 155

376 Diogenes Laertios, VI 65

377 Laotse, 47; Geldsetzer, S. 112 f: »*Man kennt und schätzt – auch im Abendland – die Mystiker als kontemplative Men-*

schen, die ›stillesitzen‹ und in sich hineinhorchen, wie es die Bezeichnung besagt. Und deshalb unterschätzt man und nimmt nicht leicht zur Kenntnis, dass die Bedeutendsten unter ihnen immer auch Menschen von gewaltiger Tatkraft und großen Werken waren. Und das konnten sie nur sein, weil ihnen das Stillesitzen, das Nachdenken, die Meditation – Chan ..., japanisch: Zen – erst diese Handlungskraft und klare Zielrichtungen des Handelns verlieh.«

378 Zhuangzi, XII 11
379 Laotse, 37
380 Seneca, III 117, Brief 31,5
381 Epikur, S. 138, Fragment 68: »*Leer ist die Rede jenes Philosophen, durch die keine menschliche Leidenschaft geheilt wird.*« »*Leiden-schaft*« war bei den Griechen negativ besetzt und bezeichnete in erster Linie ein übermäßiges Begehren.
382 S III 105, Brief 28,9; hier zitiert nach Seneca, Epistulae morales ad Lucilium III, übersetzt von Franz Loretto, Stuttgart 2009, S. 49
383 Luck, S. 378; vgl. Konfuzius, Gespräche, V 26: »*Es hat alles keinen Sinn mehr. Ich habe noch niemanden getroffen, der seine eignen Fehler sieht und sich dabei selbst anklagt.*«
384 zitiert nach I. Hadot, S. 163
385 Hesiod, Werke und Tage, Vers 410; vgl. zum Ganzen den Yogalehrer Desikachar: »*Die erste Weisheit besteht darin, wahrzunehmen, dass ich mich in Schwierigkeiten befinde, und mir das auch absolut klarzumachen. Die zweite Weisheit ist, anzuerkennen, dass es bestimmte Gründe für diese Schwierigkeiten gibt. Die dritte Weisheit ist, anzuerkennen, dass ich aus diesen Schwierigkeiten herauskommen möchte und dafür eine Anstrengung aufbringen muss. Die vierte Weisheit ist, dass ich mir vornehme, dies auch wirklich zu tun. Was auch*

immer geschieht, ich werde diese Anstrengung erbringen! Das ist praktische Weisheit.« Desikachar/Krusche, Das verborgene Wissen bei Freud und Patañjali, Stuttgart 2007, S. 103
386 Schwarz, S. 117; Konfuzius, Gespräche, XV 30
387 Seneca, III 3, Brief 2,2
388 Epikur, S. 100, Brief an Menoikeus, wörtlich: »... *was die Glückseligkeit schafft.*«
389 Nestle, Die Nachsokratiker, II S. 86; Diogenes Laertios, VII 2

BIOGRAPHISCHE ANGABEN ZU DEN PHILOSOPHEN

Alkmaion von Kroton (Alkmeon), ca. 570–500 v. Chr., griechischer Arzt und Naturphilosoph aus Unteritalien, der den Pythagoreern nahestand

Anacharsis, um 600 v. Chr., legendärer skythischer Fürst, der zu Bildungszwecken Griechenland bereiste und dem Kreis der »Sieben Weisen« zugerechnet wurde

Anaxagoras, 499–428 v. Chr., griechischer Philosoph, bedeutender Vorsokratiker

Antisthenes, ca. 445–365 v. Chr., bedeutender griechischer Philosoph, Schüler des Sokrates und mit Diogenes von Sinope Begründer der kynischen Schule

Apollonios von Tyana, ca. 40–120 n. Chr., umherziehender Philosoph und Wundertäter, von Pythagoras beeinflusst

Archilochos, ca. 680–645 v. Chr., einer der ersten griechischen Lyriker, sein Einfluss auf die spätere Lyrik wird mit dem Homers verglichen

Aristippos von Kyrene (Aristipp), ca. 435–355 v. Chr., bedeutender griechischer Philosoph, Schüler des Sokrates und Begründer der kyrenaischen Schule

Aristoteles, 384–322 v. Chr., neben seinem Lehrer Platon der bedeutendste Philosoph der abendländischen Antike

Atticus, Titus Pomponius, 110–32 v. Chr., reicher römischer Patrizier und enger Freund Ciceros

Bion von Borysthenes, ca. 335–245 v. Chr., griechischer Philosoph der kynischen Schule, der einige Jahre als Wanderlehrer auftrat

Boethius (Anicius Manlius Severinus Boethius), ca. 480–526 n. Chr., spätantiker Philosoph

Buddha (Siddhartha Gautama), ca. 563–483 v. Chr., Bezeichnung aus dem Sanskrit für einen Erleuchteten, Begründer des Buddhismus

Chrysippos von Soloi, ca. 281–208 v. Chr., griechischer Philosoph, bedeutender Vertreter der Stoa

Cicero, Marcus Tullius, 106–43 v. Chr., römischer Redner, Politiker, Schriftsteller und Philosoph

Demetrios, 1. Jh. n. Chr., kynischer Philosoph aus Korinth, Freund Senecas

Demokrit, ca. 460–370 v. Chr., bedeutender griechischer Philosoph, der mit Leukipp als der Begründer der Atomistik gilt

Demonax, 2. Jh. n. Chr., griechischer Weiser und Philosoph der kynischen Schule

Diogenes Laertios, 2./3. Jh. n. Chr., Philosophiehistoriker

Diogenes von Sinope, ca. 400–323 v. Chr., bedeutender griechischer Philosoph, mit Antisthenes Begründer der kynischen Schule

Dion Chrysostomos (»Goldmund«), ca. 40–120 n. Chr., griechischer Redner und Philosoph, führte ein ärmliches Wanderleben im kynisch-stoischen Geist

Epiktet, ca. 50–130 n. Chr., bedeutender Vertreter der späten Stoa, kam als Sklave aus Kleinasien nach Rom, hatte großen Einfluss u. a. auf Mark Aurel und christliche Autoren

Epikur, 341–270 v. Chr., bedeutender griechischer Philosoph und Begründer der epikureischen Schule

Hekaton von Rhodos, ca. 160–90 v. Chr., Stoiker und Schüler des Panaitios

Hesiod, um 700 v. Chr., griechischer Dichter, dessen Werke eine Hauptquelle für die griechische Mythologie darstellen, einer der ersten Verfasser eines Lehrgedichts

Heraklit von Ephesos (Herakleitos), ca. 550–480 v. Chr., einer der bedeutendsten Vorsokratiker, der bis heute weitreichenden Einfluss ausübt

Herodot, ca. 490–424 v. Chr., griechischer Historiker und Völkerkundler, »Vater der Geschichtsschreibung« (Cicero)

Hippokrates von Kos, ca. 460–370 v. Chr., bedeutendster Arzt der abendländischen Antike, gilt als Begründer der Medizin als Wissenschaft

Homer, etwa 8. Jh. v. Chr., wohl aus Kleinasien stammender griechischer Dichter, Schöpfer der »Ilias« und der »Odyssee«, die als der Beginn der europäischen Kultur- und Geistesgeschichte angesehen werden

Konfuzius (Kung-tse, K'ung-tzu, Kongzi, Kungfutse), 551–479 v. Chr., bedeutendster chinesischer Philosoph, dessen Wirkung bis heute andauert

Krates von Theben, ca. 365–285 v. Chr., griechischer Philosoph, der sein Vermögen verschenkte und Kyniker wurde, Schüler des Diogenes von Sinope

Kroisos (Krösus, Croesus), ca. 590–541 v. Chr., lydischer König, der wegen seines Reichtums berühmt war

Kyros II. (Kyros der Große), ca. 580–529 v. Chr., persischer Großkönig

Laotse (Laozi, Lao-tzu), 6. Jh. v. Chr., legendärer chinesischer Philosoph, dem das Buch »Daodejing« (»Tao Te King«) zugeschrieben wird und der als Begründer des Daoismus (Taoismus) gilt

Liezi (Liä Dsi, Lieh-tzu), ca. 5. Jh. v. Chr., daoistischer Philosoph

Lü Buwei (Lü Bu We, Lü Pu-wei), ca. 300–235 v. Chr., chinesischer Kaufmann, Politiker und Philosoph

Lucilius (Lucilius Iunior), 1. Jh. n. Chr., römischer Patrizier, bekannt durch die Briefe Senecas an ihn

Mark Aurel, 121–180 n. Chr., römischer Kaiser und stoischer Philosoph, dessen »Selbstbetrachtungen« große Wirkung auf die Nachwelt ausübten

Menandros (Menander), ca. 342–290 v. Chr., bedeutender griechischer Komödiendichter

Menzius (Mengzi, Meng-Tse, Mong Dsi, Mong Ko), ca. 370–290 v. Chr., chinesischer Philosoph, einer der bedeutendsten Nachfolger des Konfuzius

Metrodoros von Chios, um 400 v. Chr., griechischer Philosoph, der den Skeptikern zugerechnet wird

Musonius (Gaius Musonius Rufus), ca. 30–100 n. Chr., bedeutender römischer Philosoph und Lehrer der stoischen Richtung

Myson von Chen, Landmann, der später von Platon zu den »Sieben Weisen« gezählt wurde

Panaitios von Rhodos, ca. 180–110 v. Chr., griechischer Philosoph, der zur Verbreitung des Stoizismus in Rom beitrug

Patañjali, 5. oder 2. Jh. v. Chr., indischer Gelehrter und Verfasser der Yogasutras, der grundlegenden Schrift zur Philosophie und Praxis des Yoga

Periander, 7./6. Jh. v. Chr., Tyrann von Korinth und einer der »Sieben Weisen«

Perikles, ca. 490–429 v. Chr., athenischer Politiker und einer der bedeutendsten Staatsmänner der Antike, großer Förderer von Kunst und Kultur

Pindar (Pindaros), ca. 522–445 v. Chr., bedeutender griechischer Lyriker aus Böotien

Platon, 427–348/347 v. Chr., neben Aristoteles der bedeutendste Philosoph der abendländischen Antike, Schüler des Sokrates

Plutarch, ca. 45–125 n. Chr., griechischer Schriftsteller, dessen philosophische und historische Schriften von weitreichender Wirkung waren

Porphyrios, ca. 233–305 n. Chr., neuplatonischer Philosoph

Poseidonios, 135–51 v. Chr., bedeutender griechischer Philosoph der Stoa, Schüler des Panaitios

Protagoras, ca. 490–411 v. Chr., griechischer Philosoph und einer der bedeutendsten Sophisten

Ptahhotep (Ptah-hotep), ca. 2350 v. Chr., ägyptischer Wesir der fünften Dynastie

Pythagoras, ca. 570–500 v. Chr., griechischer Philosoph, der in Unteritalien die philosophische Schule und religiös-ethische Gemeinschaft der Pythagoreer begründete

Seneca, Lucius Annaeus, ca. 4 v. Chr.–65 n. Chr., einer der bedeutendsten römischen Philosophen und Stoiker, Erzieher Neros, Staatsmann

Sextus Empiricus, 2. Jh. n. Chr., Arzt und Philosoph, Skeptiker

Shankara, ca. 788–820 n. Chr., einer der bedeutendsten Philosophen Indiens, religiöser Lehrer und einflussreicher Interpret der Veden

Sieben Weise, von der Nachwelt so bezeichnete Gruppe hochstehender Persönlichkeiten der griechischen Antike, die im 7. und 6. Jh. v. Chr. durch ihre Weisheitssprüche bekannt wurden

Sokrates, ca. 470–399 v. Chr., einer der bedeutendsten griechischen Philosophen, Lehrer des Platon; auf ihn beziehen sich fast alle philosophischen Schulen der griechisch-römischen Antike

Solon, ca. 640–560 v. Chr., griechischer Staatsmann und Dichter, einer der ›Sieben Weisen‹, gab Athen bedeutende Gesetze und Weisheiten

Teles von Megara, 3. Jh. v. Chr., griechischer Philosoph der kynischen Schule

Terenz (Publius Terentius Afer), ca. 180–158 v. Chr., römischer Komödiendichter

Theognis von Megara, ca. 6. Jh. v. Chr., griechischer Dichter, wegen seiner Spruchdichtungen berühmt

Valentinus, 2. Jh. n. Chr., aus Alexandria stammender bedeutender Vertreter der christlichen Gnosis

Wang Bi (Wang Pi), 226–249 n. Chr., chinesischer Philosoph

Wang Fu (Wang Fou), ca. 1./2. Jh. v. Chr., chinesischer Denker, der es vorzog, im Verborgenen zu leben

Xenophon, ca. 426–355 v. Chr., Geschichtsschreiber, Philosoph und Schriftsteller, Schüler des Sokrates

Xunzi (Hsün-Tse, Hsün-Tzu), ca. 298–220 v. Chr., bedeutender chinesischer Philosoph, dessen Lehren dem Konfuzius nahestehen

Zenon von Kition, ca. 334–263 v. Chr., griechischer Philosoph, Schüler des Kynikers Krates und Begründer der Schule der Stoiker

Zhuangzi (Chuang-tzu, Dschuang Dsi), ca. 365–290 v. Chr., Daoist (Taoist) und einer der bedeutendsten chinesischen Philosophen

Zhu Xi (Chu Hsi, Dschu Hsi), 1130–1200 n. Chr., einer der bedeutendsten Neokonfuzianer Chinas

LITERATUR

ZUM EINSTIEG

Bhagavadgita, übersetzt von Robert Boxberger, neu bearbeitet und herausgegeben von Helmuth von Glasenapp, Stuttgart 2008

Demokrit, *Fragmente zur Ethik,* neu übersetzt und kommentiert von Gred Ibscher, Stuttgart 1996

Epikur, *Philosophie des Glücks,* übersetzt von Bernhard Zimmermann, München 2006

Konfuzius, *Gespräche,* herausgegeben und übersetzt von Ralf Moritz, Reclam, Ditzingen 2005

Mark Aurel, *Selbstbetrachtungen,* übersetzt und eingeleitet von Albert Wittstock, Stuttgart 2009

Patañjali, *Die Wurzeln des Yoga,* Übertragung von Bettina Bäumer, mit einem Kommentar von P. Y. Deshpande, Bern u. a. [7]1993

Seneca, *Vom glückseligen Leben und andere Schriften,* Stuttgart 1986

Zhuangzi, *Das wahre Buch vom südlichen Blütenland,* übersetzt von Richard Wilhelm, Neuausgabe Kreuzlingen/München 2006

VERZEICHNIS DER VERWENDETEN LITERATUR

Aristoteles, *Die Nikomachische Ethik,* übersetzt und herausgegeben von Olof Gigon, München 1972, zitiert nach Buch (röm. Ziff.) und Kapitel (arab. Ziff.); gelegentlich auch Übersetzung Dirlmeier, Aristoteles, *Nikomachische Ethik,* Berlin 1957

— *Einführungsschriften,* eingeleitet und übertragen von Olof Gigon, Lizenzausgabe des Deutschen Bücherbundes, Stuttgart ohne Jahresangabe

— *Eudemische Ethik,* übersetzt von Franz Dirlmeier, Berlin 1962, zitiert nach Buch (röm. Ziff.) und Abschnitt (arab. Ziff.)

— *Politik,* übersetzt und herausgegeben von Olof Gigon, München ²1976, zitiert nach Buch (röm. Ziff.) und Kapitel (arab. Ziff.)

— *Aristoteles-Lexikon,* herausgegeben von Otfried Höffe, Stuttgart 2005

Bhagavadgita, übersetzt von Robert Boxberger, neu bearbeitet und herausgegeben von Helmuth von Glasenapp, Stuttgart 1955, zitiert nach Gesang (arab. Ziff.) und Vers (arab. Ziff.)

Bhagavadgita, übersetzt und herausgegeben von Klaus Mylius, Wiesbaden/Leipzig ohne Jahresangabe

Bissing, Friedrich Wilhelm von, *Ägyptische Lebensweisheit,* Zürich 1955

Boethius, *Trost der Philosophie,* übersetzt von Karl Büchner, Leipzig ohne Jahresangabe

Brunner, Hellmut, *Die Weisheitsbücher der Ägypter. Lehren für das Leben,* übersetzt und erläutert von Hellmut Brunner, Düsseldorf/Zürich 1991

Buch der Riten, Sitten und Gebräuche, *Li Gi. Das Buch*

der Riten, Sitten und Gebräuche, herausgegeben und übersetzt von Richard Wilhelm, Köln 2007

Buddha, *Reden des Buddha,* aus dem Pâli-Kanon übersetzt von Ilse-Lore Gunsser, Stuttgart 1957

Capelle, Wilhelm, *Die Vorsokratiker,* übersetzt und eingeleitet von Wilhelm Capelle, Stuttgart 1968

Cicero, *Gespräche in Tusculum,* übersetzt von Olof Gigon, München 1991, zitiert nach Buch (röm. Ziff.) und Kapitel (arab. Ziff.)

Demandt, Alexander, *Sokrates antwortet,* aus dem »Gnomologicum Vaticanum« übersetzt von Alexander Demandt, Düsseldorf 2005

Demokrit, *Fragmente zur Ethik,* übersetzt von Gred Ibscher, Stuttgart 2007, zitiert nach Kapitel (röm. Ziff.), Abschnitt (arab. Ziff.) und Fragment

Diogenes Laertios, *Leben und Meinungen berühmter Philosophen,* übersetzt von Otto Apelt, Hamburg ³1990, zitiert nach Buch (röm. Ziff.) und Paragraph (arab. Ziff.)

Durant, Will, *Kulturgeschichte der Menschheit,* in 25 Bänden, Editions Rencontre Lausanne ohne Jahresangabe, zitiert nach Band (arab. Ziff.) und Seite (arab. Ziff.); Original, *The Story of Civilization*, New York 1963 ff, zitiert »Story«, Band (arab. Ziff.), Kapitel (röm. Ziff.) und Abschnitt (röm. Ziff.), gelegentlich mit Unterabschnitt (arab. Ziff.)

Epiktet, *Unterredungen und Handbüchlein der Moral,* herausgegeben von Alexander von Gleichen-Rußwurm; zitiert nach Seite sowie Titel, Buch (röm. Ziff.) und Kapitel (arab. Ziff.), bei Handbüchlein der Moral nur Abschnitt (röm. Ziff.)

Epikur, *Von der Überwindung der Furcht,* übersetzt von

Olof Gigon, München 1991, zitiert nach Seite, gelegentlich mit Nr. des Fragments oder Spruchs

Geldsetzer, Lutz und Han-ding Hong, *Chinesische Philosophie,* Stuttgart 2008

Hadot, Ilsetraut, *Seneca und die griechisch-römische Tradition der Seelenleitung,* Berlin 1969

Hadot, Pierre, *Philosophie als Lebensform,* Frankfurt a. M. 2002

– *Wege zur Weisheit,* Frankfurt a. M. 1999

Herodot, *Historien,* übersetzt von August Horneffer, Stuttgart 1955, zitiert nach Buch (röm. Ziff.) und Abschnitt (arab. Ziff.)

Hesiod, *Sämtliche Werke,* übersetzt von Thassilo von Scheffer, Wiesbaden 1947, zitiert nach Werk und Vers (arab. Ziff.)

Homer, *Ilias* und *Odyssee,* übersetzt von Johann Heinrich Voß, diverse Ausgaben, zitiert nach Epos (Il./Od.), Buch und Vers (beides arab. Ziff.)

Horn, Christoph, *Antike Lebenskunst,* München 1958

Hossenfelder, Malte, *Die Philosophie der Antike 3, Stoa, Epikureismus und Skepsis,* München 1985

I Ging, *Text und Materialien,* übersetzt von Richard Wilhelm, München ¹⁵1988

Konfuzius, *Gespräche,* herausgegeben und übersetzt von Ralf Moritz, Reclam, Ditzingen 2005, zitiert nach Kap. (röm. Ziff.) und Abschnitt (arab. Ziff.); teilweise wird auf die Übersetzung von Richard Wilhelm (1910) oder Hans O. H. Stange (1953) oder Ernst Schwarz (1985) zurückgegriffen

Kungfutse, *Schulgespräche,* übersetzt von Richard Wilhelm, Düsseldorf-Köln 1961, zitiert nach Kapitel und Abschnitt (beides arab. Ziff.)

Kranz, Walther, *Die griechische Philosophie,* Leipzig 1986
- *Geschichte der griechischen Literatur,* Dieterich'sche Verlagsbuchhandlung Leipzig, o. J.

Laotse, *Tao te king,* übersetzt von Richard Wilhelm, München 1998, zitiert nach Abschnitt (arab. Ziff.); wo aus der Einleitung oder dem Kommentar zitiert wird, nach Seite; Übersetzung Strauß, *Tao Te King,* Zürich 1959

Liä Dsi, *Das wahre Buch vom quellenden Urgrund,* übersetzt von Richard Wilhelm, Düsseldorf 1968, zitiert nach Buch (röm. Ziff.) und Kapitel (arab. Ziff.)

Luck, Georg, *Die Weisheit der Hunde,* Stuttgart 1997

Mark Aurel, *Selbstbetrachtungen,* übertragen mit einer Einleitung von Wilhelm Capelle, Stuttgart 1948, zitiert nach Buch und Abschnitt (beides arab. Ziff.), bei röm. Ziff. ist das Vorwort gemeint; Mark Aurel, *Selbstbetrachtungen,* Übersetzung Albert Wittstock, Stuttgart 2009

Mong Dsi, *Mong Dsi (Mong Ko),* übersetzt von Richard Wilhelm, Jena 1916, zitiert nach Band (röm. Ziff.), Abschnitt (Buchstabe) und Kapitel (arab. Ziff.)

Nestle, Wilhelm, *Die Nachsokratiker,* herausgegeben und eingeleitet von Wilhelm Nestle, 2 Bde, Jena 1923, zitiert nach Band (röm. Ziff.) und Seite (arab. Ziff.)
- *Griechische Geistesgeschichte,* Stuttgart ²1944
- *Griechische Lebensweisheit und Lebenskunst,* Stuttgart 1949
- *Die Sokratiker,* Jena 1922
- *Die Vorsokratiker,* Düsseldorf-Köln 1978

Patañjali, *Die Wurzeln des Yoga,* Übertragung von Bettina Bäumer, mit einem Kommentar von P. Y. Deshpande, Bern u. a. ⁷1993, zitiert nach Teil (röm. Ziff.) und Sutra (arab. Ziff.)

Platon, *Sämtliche Werke,* herausgegeben von Erich Loewenthal, drei Bände, Köln ⁶1969, zitiert nach Buch und Ziffer der Stephanusausgabe
- *Sämtliche Dialoge,* herausgegeben von Otto Apelt, 7 Bde, Hamburg 1993, zitiert nach Buch und Ziffer der Stephanusausgabe

Plutarch, *Lebensklugheit und Charakter,* aus der »Moralia«, ausgewählt, übersetzt und eingeleitet von Rudolf Schottlaender, Leipzig 1979
- *Lebensbeschreibungen,* Bd. I–VI, München 1984, zitiert nach Band (röm. Ziff.) und Abschnitt (arab. Ziff.)
- *Von der Heiterkeit der Seele,* herausgegeben und übertragen von Wilhelm Ax, Zürich 2000

Pohlenz, Max, *Gestalten aus Hellas,* München 1950
- *Der Hellenische Mensch,* Göttingen ohne Jahresangabe
- *Die Stoa,* Göttingen ⁴1970, zitiert nach Band (röm. Ziff.) und Seite (arab. Ziff.)

Rüdiger, Horst, *Griechische Lyriker,* übersetzt und erläutert von Horst Rüdiger, Gütersloh 1967

Schwarz, Ernst, *So sprach der Weise. Chinesisches Gedankengut aus drei Jahrtausenden,* übersetzt und herausgeben von Ernst Schwarz, Berlin 1981

Seneca, *Philosophische Schriften,* übersetzt von Otto Apelt, Wiesbaden 2004, zitiert nach Band (röm. Ziff.) und Seite (arab. Ziff.), ggf. Schrift und Abschnitt; Briefe an Lucilius: Brief und Nr.

Shankara, *Das Kleinod der Unterscheidung,* Bern u. a. 1981

Snell, Bruno, *Leben und Meinungen der Sieben Weisen,* München ³1952
- *Die Entdeckung des Geistes. Studien zur Entstehung des europäischen Denkens bei den Griechen,* Hamburg ²1948

Straub, Lorenz, *Liederdichtung und Spruchweisheit der Al-*

ten Hellenen, Verlag W. Spemann, Berlin und Stuttgart ohne Jahresangabe

Theognis, Mimnermos, Phokylides, *Frühe griechische Elegien,* übersetzt von Dirk Uwe Hansen, Darmstadt 2005, zitiert nach Dichter und Vers (arab. Ziff.)

Upanishaden, herausgegeben und eingeleitet von Peter Michel, Übersetzung Paul Deussen, Neuausgabe Stuttgart ²2007, zitiert nach Seite, ferner nach der jeweiligen Upanishad

Xenophon, *Erinnerungen an Sokrates,* übersetzt von Rudolf Preiswerk, Reclam 1992, zitiert nach Buch (röm. Ziff.), Kapitel und Abschnitt (arab. Ziff.)

– *Das Gastmahl,* übersetzt von Georg Peter Landmann, Hamburg 1957

Zeller, Eduard, *Die Philosophie der Griechen in ihrer geschichtlichen Entwicklung,* 3 Teile in 6 Bänden, Nachdruck der 6. Auflage, Leipzig 1919, Wissenschaftliche Buchgesellschaft, Darmstadt 1963, zitiert nach Teil (röm. Ziff.) und Seite (arab. Ziff.)

Zhuangzi, *Das wahre Buch vom südlichen Blütenland,* übersetzt von Richard Wilhelm, Neuausgabe Kreuzlingen/München 2006

Zimmer, Heinrich, *Philosophie und Religion Indiens,* Frankfurt a. M. 1973

Zotz, Volker, *Konfuzius für den Westen,* Frankfurt a. M. 2007

DANK

Für ständigen Zuspruch und Unterstützung möchte ich mich an erster Stelle bei Susanne bedanken. Ferner bei Martina, Julia, Heide, Carolin, Florian, Günter, Joachim, Karsten, Klaus, Ulrich und Kornel. Schließlich bei meiner Agentin Sigrid Bubolz-Friesenhahn und meinen Lektoren Caroline Draeger und Jürgen Bolz.

Albert Kitzler

PHILOSOPHIE TO GO

Große Gedanken für kleine Pausen

Unterwegs mit den großen Denkern der Antike: *Philosophie to go* verknüpft die Weisheit der antiken Philosophen mit Erfahrungen der Menschen von heute. Die zeitlosen Wahrheiten von Seneca, Buddha, Konfuzius und anderen verändern den Blick auf die kleinen und großen Fragen des Lebens und schaffen Klarheit im Getriebe des Alltags.

> »Albert Kitzler trifft die Essenz
> des menschlichen Daseins.«
> *WDR 5*

Vincent Deary

WIE WIR SIND

Leben. Eine Anleitung

Mit dem erfahrenen Blick des Psychotherapeuten analysiert Vincent Deary unsere Verhaltensmuster. Seinen Befund fasst er in eindringliche Bilder: Wir leben in kleinen Welten, in einem Geflecht alltäglicher Routinen, das uns Sicherheit verleiht. Nur mit Hingabe, Willenskraft und dem Glauben an eine bessere Zukunft werden wir den Automatikmodus aufgeben und aus uns selbst heraus handeln. Nie zuvor ist die menschliche Lebenskonstellation zwischen Gewohnheit und Veränderung so klarsichtig und grundlegend dargestellt worden.